SOU
UMA
SELVA DE
RAÍZES VIVAS

ALFONSINA STORNI

SOU UMA SELVA DE RAÍZES VIVAS

Edição bilíngue

Seleção, tradução e notas
Wilson Alves-Bezerra

ILUMI/URAS

Copyright © 2020
Wilson Alves-Bezerra

Copyright © 2020 desta edição
Editora Iluminuras Ltda.

Capa e projeto gráfico
Eder Cardoso / Iluminuras

Imagem da capa
Marinha, (fragmento) 1980 de Cleusa Leite Ribeiro (1922-2015), óleo sobre tela.

Fotos da página 3 e 4
Alfonsina Storni em Mar del Plata, 1924. Foto: Archivo General de la Nación Argentina (DP).

Revisão
Jefferson Dias

Esta obra foi realizada com o apoio da bolsa Coincidencia, patrocinada pela Fundação Pro Helvetia e pela Casa do Tradutor Looren – Suíça

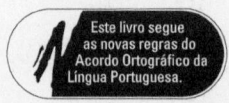

CIP-BRASIL. CATALOGAÇÃO NA PUBLICAÇÃO
SINDICATO NACIONAL DOS EDITORES DE LIVROS, RJ
S888s

   Storni, Alfonsina, 1892-1938
   Sou uma selva de raízes vivas / Alfonsina Storni ; seleção, tradução e notas Wilson Alves-Bezerra. - 1. ed. - São Paulo : Iluminuras, 2020.
   200 p. ; 23 cm.

   ISBN 978-6-555-19053-3

   1. Poesia argentina. I. Alves-Bezerra, Wilson. II. Título.

20-66435   CDD: 868.99321
                   CDU: 82-1(82)

2020
EDITORA ILUMINURAS LTDA.
Rua Inácio Pereira da Rocha, 389
05432-011 - São Paulo - SP - Brasil — Tel. / Fax: 55 11 3031-6161
iluminuras@iluminuras.com.br
www.iluminuras.com.br

ÍNDICE

Nota do organizador — Traduzindo a dissonância, 11
    Wilson Alves-Bezerra

SOU UMA SELVA DE RAÍZES VIVAS

A INQUIETUDE DO ROSEIRAL

La loba
A loba, 19
Primavera
Primavera, 23
¡Ven, dolor!
Vem, dor!, 25
Absinthias
Absinthias, 27

O DOCE DANO

Capricho
Capricho, 31
Tú me quieres blanca
Você me quer branca, 33
Oh, tú!
Oh, você!, 37
El miedo
O medo, 41
Transfusión
Transfusão, 43

IRREMEDIAVELMENTE

Hombre pequeñito
Homenzinho miúdo, 47
Un Sol
Um Sol, 49
Me atreveré a besarte...
Eu me atreverei a lhe beijar ..., 51

LANGUIDEZ

Pecho blanco
Peito branco, 57
El ruego
Súplica, 59
Esclava
Escrava, 61
Borrada
Apagada, 63

OCRE

Tú, que nunca serás...
Você, que nunca será..., 67
Femenina
Feminina, 69
Capricho
Capricho, 71
Palabras de la virgen moderna
Palavras da virgem moderna, 73

POEMAS DE AMOR

I
I, 77
II
II, 79

VII
VII, 81
IX
IX, 83
XI
XI, 85
XV
XV, 87
XVI
XVI, 89
XVIII
XVIII, 91
XXV
XXV, 93
XXIX
XXIX, 95
XXXII
XXXII, 97
XXXIX
XXXIX, 99
XL
XL, 101
LI
LI, 103
LVI
LVI, 105
LXVII
LXVII, 107

MUNDO DE SETE POÇOS

Voluntad
Vontade, 111
Voz y contravoz
Voz e contravoz, 113
El adolescente del osito
O adolescente do ursinho, 119
Soledad
Solidão, 123

Máscara e Trevo

A Eros
Para Eros, 127
Ultrateléfono
Telefone para o além, 129
Jardín zoológico de nubes
Jardim zoológico das nuvens, 131

Poemas não publicados em livro

Animal cansado
Animal cansado, 135
Lápida
Lápide, 137
Escribo...
Escrevo..., 139
Juventud
Juventude, 141
Rechazo
Rejeição, 145
Soñar
Sonhar, 147
Voy a dormir
Vou dormir, 149

Em busca do país de Alfonsina, 151
Wilson Alves-Bezerra

Referências bibliográficas, 197

Sobre o tradutor e organizador, 199

Nota do organizador — traduzindo a dissonância

Wilson Alves-Bezerra

Alfonsina Storni (Sala Capriasca, Suíça, 1892 — Mar del Plata, Argentina, 1938) foi poeta e articulista, havendo publicado em diversos magazines e revistas culturais de Buenos Aires, desde o fim dos anos dez até os anos trinta. Tanto em sua lírica quanto em seus artigos, coloca em questão a mulher e seu lugar na sociedade, como neste aforismo: "A mulher que se enamora de um homem pelo corte de suas calças é digna da zoologia" (Cositas sueltas, *La Nota*, 4 de fevereiro de 1919).

Essa seleção de cinquenta poemas contempla o corpo sensual, o corpo

Casa onde nasceu Alfonsina Storni, em Sala Capriasca, no Cantão Ticino, Suíça. (Foto de Wilson Alves-Bezerra)

perturbado, a sexualidade, enunciados por um eu-lírico feminino, que não se dobra às convenções sociais de seu tempo e que, portanto, enuncia-se de modo arrebatado e não submisso. Quer se destacar a retórica poderosa da poeta. Para esta primeira antologia publicada no Brasil, de uma autora morta há mais de oito décadas, quis trazer da sua lírica o que dialoga com a gente de hoje, uma poesia em fúria e furor.

Assim os poemas escolhidos projetam-se, com recorte ainda mais estrito, no que Delfina Muschietti chamou tão apropriadamente de poemas *dissonantes* (1999:15), textos que fissuravam os estereótipos do que se esperava da poesia feminina no começo do século vinte. Em paralelo à crescente mudança temática na obra de Storni, é possível observar que a forma de sua poesia também vai se libertando das convenções formais aprendidas de poetas de língua espanhola da virada do século, como o nicaraguense Rubén Darío. Mais uma vez Muschietti é precisa ao assinalar que os poemas de Storni publicados a partir dos anos 30, livraram-se da "rima martelante" (op. cit., p. 28) para dar lugar, inclusive, ao poema em prosa. Alfonsina estava abrindo, com fúria, o caminho do que Muschietti chamou de "a outra vanguarda" portenha: aquela que não se confunde com a da revista *Martín Fierro*, capitaneada pelo jovem Jorge Luis Borges; mas um movimento outro, não coeso, que inclui poetas menos valorizados em seu momento, como Oliverio Girondo e Juan L. Ortiz, além, é claro, da própria Alfonsina.

Dessa forma, os critérios que orientaram a feitura desse volume brasileiro de Storni, atingem duas frentes:

I. Selecionar os poemas em que a mulher surge em seus desejos e contradições, para além da retórica amorosa do enamoramento e da submissão ao macho. Interessa-nos contemplar um ponto de vista que problematiza o gênero e a diferença sexual, dentro do próprio discurso amatório. Essa problematização é constante em toda a obra de Storni, pois há poemas assim em todos os seus livros — como se pode conferir no índice a esta edição — porém a forma como se realiza vai do soneto ao poema em prosa passando pelo verso livre e branco.

II. Persegui, como tradutor, uma proposta autoral: reconstruir os poemas em português brasileiro, de modo que nos soassem familiares, que a Storni brasileira não ficasse perdida apenas nas sonoridades oriundas do século dezenove, mas que nos soasse atual, perturbadoramente atual. Ao momento de optar por fazer Alfonsina rimar em português ou fazê-la ser sugestiva e sensual, provocativa, escolhi a segunda via. A exceção, talvez, seja o primeiro livro — *A inquietude do roseiral* —, no qual os procedimentos oitocentistas falam mais alto e, então, foi o caso de mantê-los, para que melhor se compreenda a trajetória da poeta. Desse primeiro livro, "A loba" constitui eloquente exceção: nele, o eu-lírico se mostra perturbadoramente contemporâneo.

Quanto à sintaxe, incorporei a conquista pronominal de nossos modernistas, enunciada claramente por Oswald de Andrade em seu poema "Promoninais", de *Pau Brasil* (1925), quando advoga pelo direito de falarmos e escrevermos as próclises. Também assumi a nossa mescla oral brasileira entre formas tônicas de terceira pessoa e átonas de segunda. Quanto às rimas, tão presentes em Storni, mesmo sob a forma "martelante", optei por suavizá-las, ou seja, mantenho as assonâncias, mantenho umas poucas rimas, mas não me curvo ao esquema rígido que, muitas vezes, Alfonsina se impôs. Em certos momentos opto inclusive por formas de abolir a rima, em nome da contemporaneidade do poema. Em "Sonhar" (1927) — poema não publicado em livro — o par "boca de lacre" / "beso acre" que poderia ter sido transposto diretamente ao português — "beijo amargo" e "boca vermelha", da cor da borracha que servia costumeiramente para lacrar as cartas — foi totalmente reconstruído, por entender que não estava à altura da substância sonora que tantas outras vezes realizou a poeta. Assim os versos "Con caricias audaces y con el beso acre, / Mordaz e calcinante de una boca de lacre." Tornou-se, na versão brasileira, "Com carícias audazes e o seu beijo ágrio, /Mordaz, calcinante de seu rubro lábio". Manteve-se, como se vê, uma rima, mas não aquela proposta pela poeta.

Ressalto, deliberadamente, imagens eróticas, trazendo-as ao primeiro plano, como forma de amplificar aquilo que, muitas vezes apenas sugerido, já era objeto de severas críticas de críticos contemporâneos a Storni e vetos de que *não* fosse lida por moças, para não lhes servir de mau exemplo.

Busquei, enfim, para usar uma metáfora musical contemporânea, uma Alfonsina remixada, fiel a seus princípios sonoros, mas aliviada de certa rigidez à qual se submetia seu verso. Advogo pela fidelidade dessa proposta transcriativa porque, se se olha com atenção, e a própria Muschietti já o fez, o ponto de chegada da poeta é o verso livre e o poema em prosa.

A fidelidade, enfim, conceito que parece bem adequado ao universo católico, baseado em instituições como o matrimônio, não teria lugar para uma poeta anarquista e que propagava em sua própria poesia seu ateísmo, que gerou um filho, Alejandro, sem que quisesse normatizar o desejo e o amor que o geraram em um casamento. Para Alfonsina não cabe, entendo, uma tradução "fiel". Segui os ditames de Haroldo de Campos, assumindo o papel do tradutor como criador, como, aliás, tenho buscado fazer ao longo da última década e meia. Entretanto não compartilho com Campos da noção de tradução como tarefa luciferina, o que seria apenas optar pelo polo oposto, o da negação, em relação à Madre Igreja Católica, mas ainda inscrever-se ainda em sua retórica. Entendam, os que lerem esses versos brasileiros de Alfonsina Storni, que estão diante de uma tradução nem fiel, nem luciferina; mas, sobretudo, de uma tradução amorosa.

Os poemas estão ordenados cronologicamente, por livro, de modo que se tenha, por um lado, noção do momento em que foram escritos, das mudanças estéticas de sua obra ao longo do tempo e, por outro, para que quem se interesse possa diretamente ir buscar os livros em espanhol, enquanto não surgem novas traduções em nosso idioma. O livro que serviu de base para esta tradução é o tomo I das *Obras Completas*, organizado por

Delfina Muschietti e lançado pela editora Losada em 1999. O exemplar com o qual trabalhei pertenceu a Alejandro Storni, que o presenteou em 26 de dezembro de 2000 a um casal de amigos. Foi esse exemplar, carinhosamente autografado, que eu trouxe à terra natal de Alfonsina, para poder nela realizar a tradução desses poemas, com o inestimável apoio de uma bolsa de residência tradutória do programa Coincidencia, da Casa dos Tradutores Looren, e da Fundação Pro Helvetia.

Wernetshausen, inverno de 2020.

SOU
UMA
SELVA DE
RAÍZES VIVAS

A INQUIETUDE DO ROSEIRAL

La inquietud del rosal (1916)

La loba

> A la memoria de mi desdichada amiga J. C. P.
> Porque éste fue su verbo.

"Yo soy como la loba.
Quebré con el rebaño
Y me fui a la montaña
Fatigada del llano.

Yo tengo un hijo fruto del amor, de amor sin ley,
Que no pude ser como las otras, casta de buey
Con yugo al cuello; ¡libre se eleve mi cabeza!
Yo quiero con mis manos apartar la maleza.

Mirad cómo se ríen y cómo me señalan
Porque lo digo así: (Las ovejitas balan
Porque ven que una loba ha entrado en el corral
Y saben que las lobas vienen del matorral).

¡Pobrecitas y mansas ovejas del rebaño!
No temáis a la loba, ella no os hará daño.
Pero tampoco riáis, que sus dientes son finos
¡Y en el bosque aprendieron sus manejos felinos!

No os robará la loba al pastor, no os inquietéis;
Yo sé que alguien lo dijo y vosotras lo creéis
Pero sin fundamento, que no sabe robar
Esa loba; ¡sus dientes son armas de matar!

Ha entrado en el corral porque sí, porque gusta
De ver cómo al llegar el rebaño se asusta,

A LOBA

À memória de minha pobre amiga J. C. P.
Porque este foi seu verbo.

"Eu sou como a loba.
Deixei o rebanho
E parti à montanha
Cansada do campo.

Eu tenho um filho fruto do amor, amor sem lei,
Que como as outras não pude ser, casta de grei,
Com o jugo no pescoço, livre ergo minha testa!
É com as mãos que eu afasto a mata.

Olha como riem, como me apontam
Só porque eu falo: (as ovelhinhas balem
Porque sentem que a loba invadiu o curral
E sabem que as lobas vêm do matagal).

Pobrezinhas e mansas ovelhas do rebanho!
Não tenham medo da loba, ela não lhes fará nenhum mal.
Mas também não riam, os dentes dela são finos
E da selva trazem a arte dos manejos felinos!

Ela não roubará vocês do pastor, por favor,
Eu sei que alguém disse e vocês acreditaram,
Mas não tem porquê, essa loba não rouba,
Seus dentes apenas matam quando devoram.

Ela entrou no curral porque sim, porque gosta
De ver como ao chegar o rebanho todo se acossa,

*Y cómo disimula con risas su temor
Bosquejando en el gesto un extraño escozor...*

*Id si acaso podéis frente a frente a la loba
Y robadle el cachorro; no vayáis en la boba
Conjunción de un rebaño ni llevéis un pastor...
¡Id solas! ¡Fuerza a fuerza oponed el valor!*

*Ovejitas, mostradme los dientes. ¡Qué pequeños!
No podréis, pobrecitas, caminar sin los dueños
Por la montaña abrupta, que si el tigre os acecha
No sabréis defenderos, moriréis en la brecha.*

*Yo soy como la loba. Ando sola y me río
Del rebaño. El sustento me lo gano y es mío
Donde quiera que sea, que yo tengo una mano
Que sabe trabajar y un cerebro que es sano.*

*La que pueda seguirme que se venga conmigo.
Pero yo estoy de pie, de frente al enemigo,
La vida, y no temo su arrebato fatal
Porque tengo en la mano siempre pronto un puñal.*

*El hijo y después yo y después... ¡lo que sea!
Aquello que me llame más pronto a la pelea.
A veces la ilusión de un capullo de amor
Que yo sé malograr antes que se haga flor.*

*Yo soy como la loba,
Quebré con el rebaño
Y me fui a la montaña
Fatigada del llano."*

e disfarça com um riso a superfície do medo
Sugerindo com esgares um estranho ardor...

Vão, se puderem, ficar de frente com a loba
E roubar dela o filhote. Mas vão sozinhas, não podem?
Nem escondidas no bando nem acudindo ao pastor.
Vão sozinhas! Vamos ver quem afronta o pavor!

Ovelhinhas, mostrem os dentes! Que pequeninos!
Não conseguem, coitadas, caminhar sem os donos
Pela montanha escarpada, porque se a onça à espreita
Der o bote, não tem defesa, vocês morrem-lhe à boca.

Eu sou como a loba. Ando sozinha e dou risada
Do rebanho. Não preciso de nada. Quem me sustenta sou eu.
Seja onde for, pois tenho uma mão que é hábil,
Um cérebro ágil e não deixo por menos.

Aquela que puder, que me siga.
Eu já estou de pé, diante do inimigo,
A vida, e não tenho medo de seu ataque final
Porque trago sempre comigo meu punhal.

O filho na frente, eu em seguida e depois... o que vier!
Quem me chamar primeiro para a briga, venha se puder.
Às vezes me iludo com uma semente de amor
Que eu sei impedir que floresça antes do amanhecer.

Eu sou como a loba.
Deixei o rebanho
E parti à montanha
Cansada do campo."

Primavera

Risueña caricia, yo no sé qué savias
Viertes en las venas que vida provocas:
Desatas mis penas y las desagravias
Y muertas se cubren de mortajas locas.

Las siento que roen, pero yo diría
Que hicieron puñales de espinas de rosa
Y si arrancan sangre ponen ambrosía
En la misma sangre que al brotar retoza.

Risueña caricia, me arrullas, me gritas!
Te siento muy suave y te siento trágica...
Me llamas, acaso de amor son tus citas
Y acaso es de muerte tu caricia mágica...

Pero no, no quiero analizar, te sigo;
Anulo el cerebro, rompo sus marañas,
Y tan hondo triunfo, que al vibrar contigo
¡Revientan en flores todas mis entrañas!

Primavera

Risonha carícia, eu não sei que seivas
me verte nas veias que me provoca vida.
Desata minhas dores e as alivia
e mortas se cobrem de mortalhas loucas.

Sinto que me roem, mas eu diria
que fizeram punhais de espinhos de rosa
e se arrancam sangue colocam ambrosia
no próprio sangue que ao brotar aflora.

Risonha carícia, me arrulha, me grita!
Te sinto tão suave e te sinto trágica...
Me chama, quiçá de amor são suas visitas
e talvez de morte sua carícia mágica...

Mas não, não quero analisar, te sigo;
anulo o cérebro, ignoro seus enredos,
e tão fundo triunfa que ao vibrar contigo
me florescem as entranhas a um só tempo.

¡VEN, DOLOR!

¡Golpéame, dolor! Tu ala de cuervo
Bate sobre mi frente y la azucena
De mi alma estremece, que más buena
Me sentiré bajo tu golpe acerbo.

Derrámate en mi ser, ponte en mi verbo,
Dilúyete en el cauce de mi vena
Y arrástrame impasible a la condena
De atarme a tu cadalso como un siervo.

No tengas compasión. ¡Clava tu dardo!
De la sangre que brote yo haré un bardo
que cantará a tu dardo una elegía.

Mi alma será el cantor y tu aletazo
será el germen caído en el regazo
de la tierra en que brota mi poesía.

Vem, dor!

Arrebata-me, dor! Tua asa de corvo
acerta minha face e a açucena
de minha alma estremece, que melhor
me sentirei sob teu golpe amargo.

Derrama-te em meu ser, invade o meu verbo,
dilui-te no leito de minha artéria
e arrasta-me impassível ao castigo
de atar-me a teu patíbulo como um servo.

Não tenhas compaixão. Crava tua seta!
Do sangue que brotar eu gerarei um bardo
que cantará à tua seta uma elegia.

Minha alma será o cantor e tua asa
será o gérmen caído no regaço
da terra em que brota minha poesia.

Absinthias

Con mis ventidós años de juventud divina
Yo tendría que ser una planta lozana
Que arraigada en la tierra fertilísima y sana
Floreciera cien rosas de ilusión cristalina.

Pero en la tierra sana que la mente imagina
(Mi vida) Sombra mala que en seguirme se afana
Ha dejado caer con imprudencia vana
Abono de dolores cargado de morfina.

Y es por eso tan solo; es por eso que cuando
Fingiéndome la planta en tierra me expando
Para brotar en flores de algún himno auroral,

Con la savia que robo me llegan las toxinas
Y en vez de florecer en blancas sonatinas
Florezco las absinthias de la planta fatal!...

Absinthias

Com meus vinte e dois anos de juventude divina
eu teria que ser uma planta vistosa
que arraigada à terra, fertilíssima e sã
florescesse cem rosas de ilusão maviosa.

Mas na terra saudável que a mente imagina
(minha vida) sombra má que em me seguir se dedica
deixei cair com imprudência infinita
adubo de dores carregado de morfina.

E é por isso somente; é por isso que quando,
fingindo-me planta, na terra me expando
para brotar em flores de algum hino matinal,

com a seiva que roubo me chegam as toxinas
e ao invés de florescer em brancas sonatinas
floresço em absinthias da planta fatal!...

O DOCE DANO

El dulce daño (1918)

Capricho

Escrútame los ojos sorpréndeme la boca,
Sujeta entre tus manos esta cabeza loca;
Dame a beber veneno, el malvado veneno
Que moja los labios a pesar de ser bueno.

Pero no me preguntes, no me preguntes nada
De por qué lloré tanto en la noche pasada;
Las mujeres lloramos sin saber, porque sí:
Es esto de los llantos pasaje baladí.

Bien se ve que tenemos adentro un mar oculto,
Un mar un poco torpe, ligeramente oculto,
Que se asoma a los ojos con bastante frecuencia
Y hasta lo manejamos con una dúctil ciencia.

No preguntes amado, lo debes sospechar:
En la noche pasada no estaba quieto el mar.
Nada más. Tempestades que las trae y las lleva
Un viento que nos marca cada vez costa nueva.

Sí, vanas mariposas sobre jardín de Enero,
Nuestro interior es todo sin equilibrio y huero.
Luz de cristalería, fruto de carnaval
Decorado en escamas de serpientes del mal.

Así somos, ¿no es cierto? Ya lo dijo el poeta:
Movilidad absurda de inconsciente coqueta,
Deseamos y gustamos la miel en cada copa
Y en el cerebro habemos un poquito de estopa.

Bien. No, no me preguntes. Torpeza de mujer,
Capricho, amado mío, capricho debe ser.
Oh, déjame que ría... ¿No ves que tarde hermosa?
Espínate las manos y córtame esa rosa.

Capricho

Penetre-me os olhos, surpreenda-me a boca,
Agarre forte com suas mãos esta cabeça louca,
Dê-me de beber veneno, o veneno maldito
Que lhe lambe os lábios apesar de inofensivo.

Mas não me pergunte, não me pergunte nada
De por quê chorei na noite passada;
Nós mulheres choramos sem saber o motivo:
Perguntar-se do choro é interrogar o infinito.

Logo se vê que dentro temos um mar oculto
Um mar um pouco tolo, bestamente absoluto,
Que nos sobe aos olhos com frequência
Que conduzimos com imprecisa ciência.

Não me pergunte, amado, você deve suspeitar
Na noite passada não estava calmo o mar.
É tudo. Tempestades que o vento traz e leva
Vento vadio que novas costas navega.

Sim, tolas borboletas no jardim de janeiro
Nosso interior é todo um vazio pleno.
Luz de cristais, fruto de carnavais
Decorado de escamas de serpentes fatais.

Somos assim, você sabe. O poeta falou:
Mobilidade absoluta de inconsciente sedutor,
Desejamos e saboreamos o mel de cada taça
E na cabeça ainda temos um pouco de brasa.

Bem, não, não me pergunte. É coisa de mulher,
Capricho, meu querido, capricho deve ser.
Oh, me deixe rir... Não vê que a tarde é bonita?
Manche-se logo de sangue nessa rosa infinita.

TÚ ME QUIERES BLANCA

Tú me quieres alba,
Me quieres de espumas,
Me quieres de nácar.
Que sea azucena
Sobre todas, casta.
De perfume tenue.
Corola cerrada.

Ni un rayo de luna
Filtrado me haya.
Ni una margarita
Se diga mi hermana.
Tú me quieres nívea,
Tú me quieres blanca,
Tú me quieres alba.

Tú que hubiste todas
Las copas a mano,
De frutos y mieles
Los labios morados.
Tú que en el banquete
Cubierto de pámpanos
Dejaste las carnes
Festejando a Baco.
Tú que en los jardines
Negros del Engaño
Vestido de rojo
Corriste al Estrago.
Tú que el esqueleto
Conservas intacto
No sé todavía
Por cuáles milagros,
Me pretendes blanca
(Dios te lo perdone),
Me pretendes casta

Você me quer branca

Você me quer clara,
me quer de espuma,
me quer de nácar.
Que seja de açucena,
e mais que tudo, casta.
De perfume tênue.
De corola fechada.

Que nenhum raio de lua
tenha me tocado.
Nenhuma margarida
se diga minha irmã.
Você me quer nívea,
você me quer branca,
você me quer alva.

Todas as taças
passaram por sua mão,
frutas e mel
seus lábios mancharam.
Você que no banquete
coberto de ramos
deixou as carnes
festejando Baco.
Você que nos jardins
negros da Enganação
vestido de vermelho
correu para o Estrago.
Você que o esqueleto
mantém intacto,
não sei ainda,
por qual milagre ou magia,
você me quer branca
(Deus te perdoe),
me quer casta

(Dios te lo perdone),
¡Me pretendes alba!

Huye hacia los bosques,
Vete a la montaña;
Límpiate la boca;
Vive en las cabañas;
Toca con las manos
La tierra mojada;
Alimenta el cuerpo
Con raíz amarga;
Bebe de las rocas;
Duerme sobre escarcha;
Renueva tejidos
Con salitre y agua:
Habla con los pájaros
Y lévate al alba.
Y cuando las carnes
Te sean tornadas,
Y cuando hayas puesto
En ellas el alma
Que por las alcobas
Se quedó enredada,
Entonces, buen hombre,
Preténdeme blanca,
Preténdeme nívea,
Preténdeme casta.

(Deus te perdoe)
você me quer alva.

Fuja para a mata;
Para a montanha;
Limpe essa boca;
Vá viver nas cabanas;
Toque com as mãos
A terra molhada;
Alimente o corpo
Com a raiz amarga;
Beba das rochas,
Durma no sereno;
Renove os tecidos
com salitre e com água;
fale com os pássaros
e se levante à aurora.
E quando as carnes
tiverem voltado,
e quando tiver posto
nelas a alma
que pelas alcovas
ficou enredada,
então, bom homem,
pretenda-me branca,
pretenda-me clara,
pretenda-me casta.

OH, TÚ!

Oh tú, que me subyugas. ¿Por qué has llegado tarde?
¿Por qué has venido ahora cuando el alma no arde,
Cuando rosas no tengo para hacerte con ellas
Una alegre guirnalda salpicada de estrellas?

Oh, tú, de la palabra dulce como el murmullo
Del agua de la fuente; dulce como el arrullo
De la torcaza; dulce como besos dormidos
Sobre dos manos pálidas protectoras de nidos.

Oh tú, que con tus manos puedes tomar mi testa
Y hacerle brotar flores como un árbol en fiesta
Y hacer que entre mis labios se arquee la sonrisa
Como un cielo nublado que de pronto se irisa.

¿Por qué has llegado tarde? ¿Por qué has venido ahora
Cuando he sido vencida por llama destructora,
Cuando he sido arrasada por el fuego divino
Y voy, cegada y triste, por un negro camino?

Yo quiero, Dios de dioses, que me hagan nueva toda.
Que me tejan con lirios; me sometan a poda
Las manos del misterio; que me resten maleza.
Tus labios no se hicieron para curar tristeza.

Para tus labios, agua de una pureza suma.
Para tus labios, copas de cristal y la espuma
Blanquísima de un alma que no sepa de abejas,
Ni de mieles, ni sepa de las flores bermejas.

Para tus manos, esas que nunca amortajaron;
Para tus ojos, ésos, los que nunca lloraron;
Para tus sueños, sueños como cisnes de oro;
Para que lo destruyas, el más alto tesoro.

Oh, você!

Oh, você que me subjuga. Por que você chegou tarde?
Por que você veio agora quando a alma já não arde,
Quando rosas não tenho para fazer-lhe com elas
Uma alegre guirlanda salpicada de estrelas?

Oh, você, o da palavra doce como o sussurro
da água da fonte; doce como o arrulho
do pombo do bosque; doce como beijos adormecidos
sobre duas mãos pálidas protetoras de ninhos.

Oh, você, que com suas mãos pode tomar minha testa
e fazer nela brotarem flores como uma árvore em festa
e fazer que entre meus lábios se abra uma brisa
como um céu nublado que de pronto se irisa.

Por quê você chegou tarde? Por que você veio agora
quando fui vencida pela chama destruidora,
quando fui arrasada pelo fogo divino,
e vou, cega e triste, por um obscuro caminho?

Eu quero, deus dos deuses, que nova me façam toda
que me teçam com lírios; que me submetam à poda
as mãos do Mistério; que me tirem o capim.
Seus lábios não são para ceifar a tristeza em mim.

Para seus lábios, a água de uma pureza suma.
Para seus lábios, taças de cristal e espuma
alva de uma alma que não saiba de abelhas,
nem de mel, e tampouco de flores vermelhas.

Para suas mãos, essas que nunca amortalharam;
para seus olhos, esses que jamais choraram;
para seus sonhos, sonhos como cisnes de ouro;
para que os destruas, o mais alto tesouro.

Oh si luego mis Pétalos que estrujaran tus manos,
Adquirieran por magia poderes sobrehumanos
Y hechos luz se aferraran a la luz de los astros
Para que tus pupilas persiguieran mis rastros.

Bienvenida la muerte que al sorberme me dieras;
Bienvenido tu fuego que agosta primaveras;
Bienvenido tu fuego que mata los rosales:
Que todas las corolas se acerquen a tus males.

Oh, tú, a quien idolatro por sobre la existencia,
Oh, tú, por quien deseo renovada mi esencia.
¿Por qué has llegado ahora cuando no he de lograr
El divino suplicio de verme deshojar?...

Oh, se logo minhas Pétalas se desfariam em suas mãos,
obtivessem por magia poderes sobrenaturais
e tornadas luz se somassem à luz dos entes astrais
para que sua pupila perseguisse cada um dos meus rastros.

Bem-vinda a morte que ao me sugar você me dera;
bem-vindo seu fogo que abrasa a primavera;
bem-vindo seu fogo que mata os roseirais;
que todas as corolas se aproximem a seus ais.

Oh, você a quem idolatro por sobre toda existência,
oh, você, por quem desejo renovada minha essência,
por que chegou agora quando não mais hei de alcançar
o divino suplício de te ver me despetalar?

El miedo

Me miraste de pronto temblando de pasión,
Y yo transfigurada me agazapé cual una
Leona para echarte garras al corazón.
Mas... nieve, muerte, olvido... me decía la luna...
¡Las cenizas! — grité — ¡las cenizas! Y entonces
Nos quedamos más fríos, más fríos, que dos bronces.

O MEDO

Você me olhou de repente tremendo de paixão,
E eu transfigurada me dobrei qual leoa
Para lançar-lhe garras ao coração.
Mas neve, morte, esquecimento... me dizia a lua.
As cinzas! — gritei — as cinzas! E então
ficamos frios, mais frios que dois bronzes.

Transfusión

La vida tuya sangre mía abona
Y te amo a muerte, te amo; si pudiera
Bajo los cielos negros te comiera
El corazón con dientes de leona.

Antes de conocerte era ladrona
Y ahora soy menguada prisionera.
¡Cómo luces de bien mi primavera!
¡Cómo brilla en tu frente mi corona!

Sangre que es mía en tus pupilas arde
Y entre tus labios pone cada tarde
Las uvas dulces con que Pan convida.

Y en tanto, flor sin aire, flor en gruta,
Me exprimo toda en ti como una fruta
Y entre tus manos se me va la vida.

Transfusão

A sua vida com sangue se move.
Eu te amo à morte, eu te amo; se pudesse
sob os céus escuros, devorava
teu coração com dentes de leoa.

Antes de te conhecer eu era ladra
e agora sou mirrada prisioneira.
Como é bom te ver, minha primavera!
Como brilha em teu rosto minha coroa!

Sangue meu em tua pupila arde
e entre teus lábios se põe a cada tarde
as uvas doces com que Pã convida.

Enquanto isso, flor sem ar, flor na gruta,
me manifesto em ti inteira, feito fruta
e, entre tuas mãos, se me esvaindo a vida.

Irremediavelmente

Irremediablemente (1919)

Hombre pequeñito

Hombre pequeñito, hombre pequeñito,
Suelta a tu canario que quiere volar...
Yo soy el canario, hombre pequeñito,
Déjame saltar.

Estuve en tu jaula, hombre pequeñito,
Hombre pequeñito que jaula me das.
Digo pequeñito porque no me entiendes,
Ni me entenderás.

Tampoco te entiendo, pero mientras tanto
Ábreme la jaula que quiero escapar;
Hombre pequeñito, te amé media hora,
No me pidas más.

Homenzinho miúdo

Homenzinho miúdo, homenzinho miúdo,
Solta o seu canarinho que ele quer voar...
Eu sou o canarinho, homenzinho miúdo,
Me deixa pular.

Estive na sua gaiolinha, homenzinho miúdo,
Homenzinho miúdo, mas que gaiola você me dá,
Digo miúdo porque você não me entende,
Nem nunca me entenderá.

Nem eu também lhe entendo, mas enquanto isso
Abre logo esta gaiola, que eu quero escapar;
Homenzinho miúdo, eu te amei por meia hora,
Não me peça mais.

Un Sol

Mi corazón es como un dios sin lengua,
Mudo se está a la espera del milagro,
He amado mucho, todo amor fue magro,
Que todo amor lo conocí con mengua.

He amado hasta llorar, hasta morirme.
Amé hasta odiar, amé hasta la locura,
Pero yo espero algún amor-natura
Capaz de renovarme y redimirme.

Amor que fructifique mi desierto
Y me haga brotar ramas sensitivas,
Soy una selva de raíces vivas,
Sólo el follaje suele estarse muerto.

¿En dónde está quien mi deseo alienta?
¿Me empobreció a sus ojos el ramaje?
Vulgar estorbo, pálido follaje,
Distinto al tronco fiel que lo alimenta.

¿En dónde está el espíritu sombrío
De cuya opacidad brote la llama?
Ah, si mis mundos con su amor inflama
Yo seré incontenible como un río.

¿En dónde está el que con su amor me envuelva?
Ha de traer su gran verdad sabida...
Hielo y más hielo recogí en la vida:
Yo necesito un sol que me disuelva.

Um Sol

Meu coração é feito um deus sem língua,
Mudo à espera de um milagre,
Amei demais — todo amor foi magro,
Todo amor foi tarde e à míngua.

Amei até chorar, até morrer,
até odiar e transbordar loucura,
Mas espero ainda segura
Um outro a me redimir de mim.

Amor que frutifique meu deserto
Me faça brotar ramas sensitivas;
Sou uma selva de raízes vivas,
e sou também folhagem morta, inquieta.

Onde está quem meu desejo alenta?
Murchou-lhe aos olhos a ramagem minha?
Vulgar estorvo, pálida folhagem,
Diverso do tronco onde a seiva singra.

Onde está o espírito sombrio
no recôndito insabido do broto.
Se meus mundos com seu amor inflama
serei incontível como leito em chama.

Onde está aquele que com seu amor me envolve?
Há de trazer sua grande verdade sabida...
Gelo e gelo recolhi na vida:
eu quero um sol que me dissolva.

ME ATREVERÉ A BESARTE...

Tú, de las manos fuertes con dureza de hierro
Y los ojos sombríos como un mar en tormenta,
Toda suerte o ventura en tus manos se asienta;
La fortuna te sigue, la fortuna es tu perro.

Mírame aquí a tu lado; tirada dulcemente
Soy un lirio caído al pie de una montaña.
Mírame aquí a tu lado... esa luz que me baña,
Me viene de tus ojos como de un sol naciente.

¡Cómo envidio tus uñas insertas en tus dedos
Y tus dedos insertos de tu mano en la palma,
Y tu ser todo inserto en el molde de tu alma!
¡Cómo envidio tus uñas insertas en tus dedos!

A tus plantas te llamo, a tus plantas deliro...
Oh, tus ojos me asustan... Cuando miran el cielo
Le hacen brotar estrellas. Yo postrada en el suelo
Te llamo humildemente con un leve suspiro.

Acoge mi pedido: oye mi voz sumisa,
Vuélvete a donde quedo, postrada y sin aliento,
Celosa de tus penas, esclava de tu risa,
Sombra de tus anhelos, y de tu pensamiento.

Acoge este deseo: dame la muerte tuya,
Tu postrera mirada, tu abandono postrero,
Dame tu cobardía; para tenerte entero,
Dame el momento mismo en que todo concluya.

Te miraré a los ojos cuando empiece la sombra
A rondarte despacio... Cuando se oiga en la sala
Un ruido misterioso que ni es paso ni es ala,
Un ruido misterioso que se arrastra en la alfombra.

Eu me atreverei a lhe beijar...

Você, o das mãos fortes com a dureza do ferro,
o dos olhos sombrios como um mar revoltoso,
toda sorte ou ventura em suas mãos se assenta;
a fortuna lhe segue, a fortuna é seu cachorro.

Olhe para mim aqui do seu lado; docemente deitada.
Sou um lírio caído ao pé de uma montanha.
Olhe para mim aqui do seu lado... essa luz que me banha
Vem a mim de seus olhos como de um sol nascente.

Como invejo suas unhas coladas nos seus dedos
E seus dedos colados à palma de sua mão
E todo o seu ser colado na forma de sua alma!
Como invejo suas unhas coladas nos seus dedos!

A seus pés clamo, a seus pés deliro...
Oh, seus olhos me assustam... Quando olham o céu,
nele fazem brotar estrelas. Eu prostrada no chão
suspirando lhe chamo, humilde é o apelo.

Acolha meu pedido: escute minha voz submissa,
volte-se para onde estou, ofegante, entregue,
zelosa de suas dores, escrava de seu riso,
sombra de seus anseios e de seu pensamento.

Acolha este desejo: eu quero a sua morte,
o seu último olhar, o seu abandono derradeiro,
me dê a sua covardia; para eu lhe ter inteiro,
me dê o momento preciso em que tudo cessa.

Eu olharei seus olhos quando começar a sombra
a lhe rondar furtiva... Quando se ouvir na sala
um som estranho que não é nem passo, nem asa,
um som estranho que no chão se arrasta.

Te miraré a los ojos cuando la muerte abroche
Tu boca bien amada que no he besado nunca,
Me atreveré a besarte cuando se haga la noche
Sobre tu vida trunca.

Eu olharei seus olhos quando a morte fechar
seu lábio amado, que jamais toquei,
me atreverei a beijá-lo quando noite seja
em sua vida, noite.

Languidez

Languidez (1920)

Pecho blanco

Porque yo tengo el pecho blanco, dócil,
Inofensivo, debe ser que tantas
Flechas que andan vagando por el aire
Toman su dirección y allí se clavan.

Tú, la mano perversa que me hieres,
Si aquello es tu placer, poco te basta;
Mi pecho es blanco, es dócil y es humilde:
Suelta un poco de sangre... luego, nada.

Peito branco

Por ter branco o peito, dócil,
inofensivo, deve ser que tantas
flechas pelo ar vagando em círculos
tomem dele o rumo e lá se alojem.

Você, a mão perversa que me fere,
se esse é seu prazer, basta-lhe pouco;
meu peito é branco, dócil, humilde:
solta um pouco de sangue... e depois, nada.

El ruego

Señor, Señor, hace ya tiempo, un día
Soñé un amor como jamás pudiera
Soñarlo nadie, algún amor que fuera
La vida toda, toda la poesía.

Y pasaba el invierno y no venía,
Y pasaba también la primavera,
Y el verano de nuevo persistía,
Y el otoño me hallaba con mi espera.

Señor, Señor; mi espalda está desnuda,
Haz estallar allí, con mano ruda
El látigo que sangra a los perversos!

Que está la tarde ya sobre mi vida,
Y esta pasión ardiente y desmedida
La he perdido, ¡Señor, haciendo versos!

SÚPLICA

Senhor, Senhor, já faz tempo, um dia
sonhei com um amor como nunca poderia
sonhar ninguém, um amor que fosse
a vida, toda a poesia.

E passava o inverno e ele não vinha,
e passava também a primavera,
e o verão de novo persistia,
e o outono me encontrava em minha espera.

Senhor, Senhor: tenho as costas nuas:
faz nelas estalar com a mão pesada
o chicote que sangra os pervertidos!

Que já é tarde em minha vida,
e esta paixão ardente e desmedida,
perdeu-se já, Senhor, fazendo versos!

Esclava

Yo te seguí en la sombra como una
Sombra funesta de tu luz esclava.
Y eras en mí como una espina brava.
Y eras en mí como piedad de luna.

Yo te seguí feroz como ninguna
Por tierras muertas entre fuego y lava.
Decía en llanto: si mi vida acaba
Tu espalda viendo lo tendré a fortuna.

Dulce tu alma como fruto a punto
La vi exprimirse sobre un alma blanca
Que ahora vive, con la tuya, junto.

Dolor gemidos de mi pecho arranca.
Mas al impulso de una fuerza loca
Cuando la besas tu, beso su boca.

Escrava

Eu lhe segui à sombra como uma
sombra funesta de sua luz escrava.
Você era em mim como espinha brava,
em mim como piedade da lua.

Eu lhe segui feroz como ninguém
pelas terras mortas entre fogo e lava;
dizia aos prantos: se minha vida acaba
suas costas vendo eu terei fortuna.

Doce sua alma como fruta boa
vi ser espremida sobre uma alma branca
que agora vive, perto da sua, junto.

Dor, gemidos de meu peito arranca,
mas ao impulso de uma força louca
quando você a beija, beijo sua boca.

Borrada

El día que me muera, la noticia
Ha de seguir las práticas usadas,
Y de oficina en oficina al punto
Por los registros seré yo buscada.

Y allá muy lejos, en un pueblecito
Que está durmiendo al sol en la montaña,
Sobre mi nombre, en un registro viejo,
Mano que ignoro trazará una raya.

Apagada

No dia em que eu morrer, a notícia
vai seguir as práticas habituais,
e de cartório em cartório,
na certidões vão me buscar.

E lá, bem ao longe, em uma cidadezinha
adormecida ao sol na montanha
em cima do meu nome, em um registro velho,
uma mão que ignoro depositará um traço.

OCRE

Ocre (1925)

TÚ, QUE NUNCA SERÁS...

Sábado fue y capricho el beso dado,
Capricho de varón, audaz y fino,
Mas fue dulce el capricho masculino
A este mi corazón, lobezno alado.

No es que crea, no creo, si inclinado
Sobre mis manos te sentí divino,
Y me embriagué. Comprendo que este vino
No es para mí, mas juego y rueda el dado...

Yo soy esa mujer que vive alerta,
Tú el tremendo varón que se despierta
Y es un torrente que se ensancha en río,

Y más se encrespa mientras corre y poda.
Ah, me resisto, mas me tiene toda,
Tú, que nunca serás del todo mío.

Você, que nunca será...

Sábado foi e capricho o beijo dado,
capricho de homem, audaz e fino,
mas foi doce o capricho masculino
para este meu coração, lobinho alado.

Não que eu ache, não acho, se curvado
sobre minhas mãos lhe senti divino
e me embriaguei; compreendo que este vinho
é de outrem, mas giram os dados que lancei...

Eu sou a mulher que vive alerta,
você o grande homem que desperta
uma enxurrada que se alarga em rio

e mais se encrespa enquanto corre e poda.
Ah, eu resisto, mas você já me tem toda,
Você, que nunca será completamente meu.

Femenina

Baudelaire: yo me acuerdo de tus Flores del mal
En que hablas de una horrible y perversa judía
Acaso como el cuerpo de las serpientes fría,
En lágrimas indocta, y en el daño genial.

Pero a su lado no eras tan pobre, Baudelaire:
De sus formas vendidas, y de su cabellera
Y de sus ondulantes caricias de pantera,
Hombre al cabo, lograbas un poco de placer.

Pero yo, femenina, Baudelaire, ¿qué me hago
De este hombre calmo y prieto como un gélido lago,
Oscuro de ambiciones y ebrio de vanidad,

En cuyo enjuto pecho salino no han podido
Ni mi cálido aliento, ni mi beso rendido,
Hacer brotar un poco de generosidad?

Feminina

Baudelaire, eu me lembro de suas Flores do mal
em que você fala de uma horrível e perversa judia,
talvez como o corpo das serpentes, fria,
em lágrimas indouta e em ser pérfida genial.

Mas ao lado dela, você não era pobre, Baudelaire:
de suas formas vendidas, e de sua cabeleira
e de suas ondulantes carícias de pantera,
homem ao fim, você conseguia um pouco de prazer.

Mas eu, feminina, Baudelaire, o que eu faço
deste homem calmo e turvo como um gélido lago,
obscuro de ambições e ébrio de vaidade,

em cujo parco peito salobro não conseguiram
nem meu cálido alento, nem meu beijo rendido,
fazer brotar um pouco de generosidade?

Capricho

Con quién me has confundido, oh precoz primavera
De mi año treinta y uno? ¿Con un tronco rosado?
¿Porque has visto mi cuerpo en el campo parado
Creiste que era un árbol o alguna enredadera?

¿Confundiste mis ojos con dos flores de cardo?
¿Mis cabellos con una dorada pelusilla?
¿Con un fruto ligero mi apagada mejilla,
Y mi aroma esenciado con el puro del nardo?

Pues como si raíces me fueran los talones,
Tu savia de septiembre me sube a borbotones
Y me inunda las venas de lenguajes diversos.

Y planta humana al cabo, por el abierto poro
De la piel sonrosada, en guirnalda de oro,
Se escapan y me cubren los alocados versos.

Capricho

Com quem você me confundiu, precoce primavera
do meu ano trinta e um? Com um tronco rosado?
Ao ver meu corpo no campo postado, pensou acaso
que eu era árvore, planta ou alguma trepadeira?

Você confundiu meu olhar com duas flores de cardo?
E acaso minha trança dourada com um ramo de trigo?
Com o silvestre fruto minha face pálida,
e meu aroma frutado com o nardo da Índia?

Como se raízes fossem a meus pés
sua seiva de setembro sobe-me aos borbotões
e me inunda as artérias com linguagens diversas.

E planta, por meus abertos poros humanos
da pele rosada, grinalda de ouro,
escapam os versos que me recobrem insanos.

Palabras de la virgen moderna

Dame tu cuerpo bello, joven de sangre pura,
No moderno en el arte de amar, como en la hora
Que fue clara la entrega, en mi boca demora
Tu boca, de otra boca negada a la dulzura.

Si tu sabiduría no me obliga a malicia,
Ni tu mente cristiana me despierta rubores.
Ni huellas de hetaíras enturbian tus amores
En mi franqueza blanca todo será delicia.

Y así como a la Eva, cuando, cándida y fiera,
Las verdades supremas le fueron reveladas,
Me quedará en las manos, a tu forma entregadas,
La embriagante dulzura de la fruta primera.

Palavras da virgem moderna

Me dá o teu belo corpo, jovem de sangue puro,
não moderno na arte de amar, como na hora
em que foi clara a entrega, em minha boca demora
tua boca, de outra boca negada à doçura.

Se tua sapiência não me obriga à malícia,
nem tua mente cristã me desperta rubores
nem rastros de heteras turvam seus amores
em minha franqueza branca tudo será delícia.

E assim como a Eva, quando, cândida e fera,
as verdades supremas lhe foram reveladas,
me restará sobre as mãos, à tua forma moldadas,
a embriagante doçura da fruta primeira.

Poemas de amor

Poemas de amor (1926)

I

Acababa noviembre cuando te encontré. El cielo estaba azul y los árboles muy verdes. Yo había dormitado largamente, cansada de esperarte, creyendo que no llegarías jamás.
Decía a todos: mirad mi pecho, ¿veis?, mi corazón está lívido, muerto, rígido. Y hoy digo: mirad mi pecho: mi corazón está rojo, jugoso, maravillado.

I

Foi no fim de novembro que te encontrei. O céu estava azul. E as árvores verdinhas. Eu tinha adormecido longamente, cansada de te esperar, achando que você não viria.
Dizia a todos: olhem para meu peito. Estão vendo? Meu coração está lívido, morto, rígido. Agora, digo: olhem meu peito: meu coração está vermelho, suculento, maravilhado.

II

¿Quién es el que amo? No lo sabréis jamás. Me miraréis a los ojos para descubrirlo y no veréis más que el fulgor del éxtasis. Yo lo encerraré para que nunca imaginéis quién es dentro de mi corazón, y lo mereceré allí, silenciosamente, hora a hora, día a día, año a año. Os daré mis cantos, pero no os daré nombre.
Él vive en mí como un muerto en su sepulcro, todo mío, lejos de la curiosidad, de la indiferencia y la maldad.

II

Quem é aquele que amo? Vocês nunca vão saber. Vão me olhar nos olhos para tentar descobrir e não verão mais que o fulgor do êxtase. Eu o encerrarei para que nunca possam imaginar quem é ele dentro de meu coração, e o acalantarei lá, furtivamente, hora após hora, dia após dia, ano após ano. Eu lhes darei meus cantos, mas não lhes darei seu nome. Ele vive em mim como um morto em seu sepulcro, todo meu, afastado da curiosidade, da indiferença, da maldade.

VII

Cada vez que te dejo retengo en mis ojos el resplandor de tu última mirada.
Y, entonces, corro a encerrarme, apago las luces, evito todo ruido para que nada me robe un átomo de la sustancia etérea de tu mirada, tu infinita dulzura, su límpida timidez, su fino arrobamiento.
Toda la noche, con la yema rosada de los dedos, acaricio los ojos que te miraron.

VII

Cada vez que me despeço retenho em meus olhos o resplendor de seu último olhar.
E, então, corro para me fechar, apago as luzes, evito todo barulho para que nada me roube um átomo da substância etérea de seu olhar, sua infinita doçura, sua límpida timidez, seu êxtase discreto.
A noite toda, com a ponta rosada dos dedos, acaricio os olhos que lhe fitaram.

IX

Te amo profundamente y no quiero besarte.
Me basta con verte cerca, perseguir las curvas que al moverse trazan tus manos, adormecerme en las transparencias de tus ojos, escuchar tu voz, verte caminar, recoger tus frases.

IX

Te amo profundamente e não quero lhe beijar.
Basta para mim olhar você de perto, perseguir as curvas que, ao se moverem, suas mãos traçam, adormecer na transparência de seus olhos, escutar sua voz, ver você caminhando, recolher suas frases.

XI

Estoy en ti.
Me llevas y me gastas.
En cuanto miras, en cuanto tocas, vas dejando algo de mí.
Porque yo me siento morir como una vena que se desangra.

XI

Estou em você.
Você me leva e me gasta.
Quando me olha, quando me toca, vai deixando algo de mim.
Porque me sinto morrer como uma veia que sangra.

XV

Pongo las manos sobre mi corazón y siento que late desesperado.
— ¿Qué quieres tú? — Y me contesta — : Romper tu pecho, echar alar,
agujerear paredes, atravesar las casas, volar, loco, a través de la ciudad,
encontrarle, ahuecar su pecho y juntarme al suyo.

XV

Coloco as mãos sobre meu coração e sinto que bate desesperado.
— O que você quer? — Ele me responde: — Rasgar seu peito, ganhar asas, perfurar as paredes, atravessar as casas, voar louco pela cidade, encontrá-lo, abrir-lhe o peito e me juntar ao dele.

XVI

Te hablé también alguna vez, en mis cartas, de mi mano desprendida de mi cuerpo y volando en la noche a través de la ciudad para hallarte. Si estabas cenando en tu casa, ¿no reparaste en la gran mariposa que, insistente, te circula ante la mirada tranquila de tus familiares?

XVI

Eu te falei uma vez, em minhas cartas, de minha mão que se desprende do meu corpo e voando noite adentro pela cidade vai te encontrar.
Se você estava jantando em sua casa, não viu a grande mariposa que, insistente, revoava sobre você ante o olhar compassivo de seus familiares?

XVIII

Tú el que pasas, tú dijiste: esa no sabe amar.
Eras tú el que no sabías despertar mi amor.
Amo mejor que los que mejor amaron.

XVIII

Você, o passante, me disse: essa não sabe amar.
Foi você quem não soube despertar em mim o amor.
Amo melhor que os que melhor amaram.

XXV

Es medianoche. Yo estoy separada de ti por la ciudad: espesas masas negras, ringlas de casas, bosque de palabras perdidas pero aún vibrando, nubes invisibles de cuerpos microscópicos.
Pero proyecto mi alma fuera de mí y te alcanzo, te toco.
Tú estás despierto y te estremeces al oírme. Y cuanto está cerca de ti estremece contigo.

XXV

É meia-noite. Estou separada de você pela cidade: espessas massas negras, filas de casas, bosque de palavras perdidas, porém ainda vibrando, nuvens invisíveis de corpos microscópicos.
Mas projeto minha alma para fora de mim e te alcanço, te toco.
Você está desperto e estremece ao me ouvir. E tudo quanto está perto de você estremece contigo.

XXIX

¡Amo! ¡Amo!...
Quiero correr sobre la tierra y de una sola carrera dar vuelta alrededor de ella y volver al punto de partida.
No estoy loca, pero lo parezco.
Mi locura es divina y contagia
Apártate.

XXIX

Amo! Amo!...
Quero correr sobre a terra e de uma só vez dar a volta no planeta e voltar ao ponto de partida.
Não estou louca, mas pareço.
Minha loucura é divina e contagia.
Afaste-se.

XXXII

Oye: yo era como un mar dormido.
Me despertaste y la tempestad ha estallado.
Sacudo mis olas, hundo mis buques, subo al cielo y castigo estrellas,
me avergüenzo y me escondo entre mis pliegues, enloquezco y mato
mis peces.
No me mires con miedo.
Tú lo has querido.

XXXII

Escute: eu era como um mar adormecido.
Você me despertou e a tempestade eclodiu.
Agito minhas ondas, afundo embarcações, subo aos céus e castigo estrelas, me envergonho e me escondo entre minhas dobras, enlouqueço e mato meus peixes.
Não me olhe assim com medo.
Foi você quem pediu.

XXXIX

Quiero pensar en ti, cargarte de mi dolor, para que no puedas huir de mi lado.
Porque nadie podría huir de mi lado una vez cargado con el peso de mi dolor.

XXXIX

Quero pesar em você, carregar-lhe com minha dor, para você não poder fugir mais do meu lado.
Porque ninguém poderia fugir do meu lado uma vez carregado com o peso da minha dor.

XL

He hecho como los insectos.
He tomado tu color y estoy viviendo sobre tu corteza, invisible, inmóvil,
miedosa de ser reconocida.

XL

Fiz como os insetos.
Tomei sua cor e estou vivendo sobre sua casca, invisível, imóvel, com medo de ser reconhecida.

LI

Tu amor me había cubierto el corazón de musgo y me bajaba a las yemas de los dedos su terciopelo blando. Tenía piedad de la madera muerta, de los animales uncidos, de los seres detrás de una reja, de la planta que se hunde sin hallar alimento, de la piedra horizontal empotrada en la calle, del árbol preso entre dos casas. La luz me hería al tocarme y los ojos de un niño ponían en movimiento el río de lágrimas que me doblaba el pecho.

LI

Seu amor tinha me coberto o coração de musgo, descia-me até a ponta dos dedos o seu veludo macio. Tinha pena da madeira morta, dos animais cativos, dos seres detrás de uma cerca, da planta que se murcha sem encontrar comida, da pedra horizontal incrustada na rua, da árvore presa entre duas casas. A luz me feria ao tocar-me e os olhos de um menino punham em movimento um rio de lágrimas que me dobrava o peito.

LVI

Tenías miedo a mi carne mortal y en ella buscabas el alma inmortal.
Para encontrarla, a palabras duras, me abrías grandes heridas.
Entonces te inclinabas sobre ellas y aspirabas, terrible, el olor de mi sangre.

LVI

Você tinha medo da minha carne mortal e nela buscava a alma imortal.
Para encontrá-la, com palavras duras, você me abria grandes feridas.
E se inclinava sobre elas e aspirava, terrível, o odor do meu sangue.

LXVII

No volverás. Todo mi ser te llama, pero no volverás. Si volvieras, todo mi ser que te llama, te rechazaría.
De tu ser mortal extraigo, ahora, ya distantes, el fantasma aeriforme que mira con tus ojos y acaricia con tus manos, pero que no te pertenece. Es mío, totalmente mío. Me encierro con él en mi cuarto y cuando nadie, ni yo misma, oye, y cuando nadie, ni yo misma, ve, y cuando nadie, ni yo misma, lo sabe, tomo el fantasma entre mis brazos y con el antiguo modo de péndulo, largo, grave y solemne, mezo el vacío...

LXVII

Não voltará. Todo o meu ser te chama, mas você não voltará. Se voltasse, todo meu ser que te evoca, te rechaçaria.
Do seu ser mortal extraio, agora, já distantes, o fantasma aeriforme que olha com seus olhos e acaricia com suas mãos, mas que não te pertence. É meu, totalmente meu. Encerro-me com ele em meu quarto e quando ninguém, nem eu mesma, ouve, e quando ninguém, nem eu mesma, vê, e quando ninguém, nem eu mesma, sabe, pego o fantasma entre meus braços e daquela antiga maneira, feito pêndulo, longo, grave e solene, acalanto o vazio...

Mundo de sete poços

Mundo de siete pozos (1935)

Voluntad

*Mariposa ebria,
la tarde,
giraba sobre nuestras cabezas
estrechando sus círculos
de nubes blancas
hacia el vértice áspero
de tu boca
que se abría frente al mar
alineando sus blancos lobeznos.*

*Cielo y tierra
morían
en la música verde de las aguas
que no conocían caminos.*

*Retrocedía,
ahuecada,
la pared del horizonte
e iban a echarse a danzar
las rocas negras.*

*Me desnivelaban ya
los círculos de arriba
empujándome hacia ti
como hacia raíz lejana
de la que brotara.*

*Pero sólo la tarde
bebió, lenta,
la cicuta
de tu boca.*

Vontade

Borboleta bêbada,
a tarde,
rodava sobre nossas cabeças
estreitando seus círculos
de brancas nuvens
para o vértice áspero
de sua boca
que se abria frente ao mar
alinhando seus brancos lobinhos.

Céus e terra
morriam
na música verde das águas
que não conheciam caminhos.

Retrocedia,
escavada,
a parede do horizonte
e iam dançar
as rochas negras.

Já me desnivelavam
os círculos de cima
empurrando-me a você
como a uma raiz longínqua
da qual brotara.

Mas apenas a tarde
bebeu, lenta,
a cicuta
da sua boca.

Voz y contravoz

I

Voz

Te ataré
a los puños
como una llama,
dolor de servir
a cosas estultas.

Echaré a correr
con los puños en alto
por entre las casas
de los hombres.

Hemos dormido, todos,
demasiado.

Dormido
a plena luz
como las estrellas
a pleno día.

Dormido,
con las lámparas
a medio encender;
enfriados
en el ardimiento solar;
contando el número
de nuestros cabellos,
viendo crecer
nuestras veinte
uñas.

¿Cuándo?

Voz e Contravoz

I

Voz

Eu te amarrarei
os punhos
como uma chama,
dor de servir
a coisas estultas.

Irei correr
com os punhos em riste
por entre as casas
dos homens.

Já dormimos, todos,
em demasia.

Adormecido
à plena luz
como as estrelas
em pleno dia.

Adormecido,
como as luminárias
parcialmente acesas;
gélidos
sob o ardor solar;
contando o número
de nossos cabelos,
vendo crescerem
nossas vinte
unhas.

Quando

*los jardines del cielo
echarán raíces
en la carne de los hombres,
en la vida de los hombres,
en la casa de los hombres?*

*No hay que dormir,
hasta entonces.
Abiertos los párpados;
separados en los dedos,
si quieren ceder,
hasta enrojecerlos
por el cansancio,
como los círculos
lunares,
cuando la tormenta
quiere
desmembrar
el universo.*

II

Contravoz

*Entierra la pluma
antes de atarte a los puños
como una llama
el dolor de servir
a cosas estultas.*

*Por su punta,
como por los canales
que desagotan el río,
tu agua se desparrama
y muere en el llano.*

*La palabra arrastra limos,
pule piedras,
y corta selvas imaginarias.*

os jardins do céu
lançarão raízes
na carne dos homens,
na vida dos homens,
na casa dos homens?

Não é para dormir,
até então.
Abertas as pestanas;
sustentadas por dedos
se quiserem ceder,
até se avermelharem
pelo cansaço
como os círculos
lunares,
quando a tempestade
quer
desmembrar
o universo.

II

Contravoz

Enterre a pluma
antes de se amarrarem os punhos
como uma chama
a dor de servir
a coisas estultas.

Por sua ponta,
como pelos canais
que desaguam no rio
sua água se esparrama
e morre na planície.

A palavra arrasta barro,
pule pedras,
e corta selvas imaginárias.

Piden los hombres
tu lengua,
tu cuerpo,
tu vida:

Tírate a una hoguera,
florece en la boca
de un cañón.

Una punta de cielo
rozará
la futura
casa humana.

pedem os homens
sua língua,
seu corpo,
sua vida:

Se jogue na fogueira,
floresça na boca
de um canhão.

Uma ponta de céu
roçará
a futura
casa humana.

El adolescente del osito

En la penumbra de la salita,
las lámparas,
abrían su luz velada
de estrellas madrugantes.

Las espaldas femeninas
recogían la claridad
de los espejos.

Palabras
de puntas nocivas
buscaban
un corazón no maduro.

Parado junto al piano,
el adolescente,
masa de luna
herida de ojos y boca,
sonreía.

Ojos expertos
se adelantaban, en tanto,
a la caza
vedada.

Mujer y hombre...
Mujer y hombre...
Mujer y hombre...

Crecía el cuchicheo
como los líquenes
en las selvas húmedas.

El adolescente, sólo,
acariciaba el osito
que adornaba el piano.

O ADOLESCENTE DO URSINHO

Na penumbra da saleta,
as luminárias
abriam sua luz velada
de estrelas madrugadoras.

As costas femininas
recolhiam a claridade
dos espelhos.

Palavras
de pontas nocivas
buscavam
um coração imaturo.

De pé junto ao piano,
o adolescente,
massa de lua
ferida de olhos e boca,
sorria.

Olhos especialistas
se adiantavam, por vezes,
à caça
proibida.

Mulher e homem...
Mulher e homem...
Mulher e homem...

Crescia o cochicho
como os líquens
nas selvas umedecidas.

O adolescente, solitário,
acariciava o ursinho
que decorava o piano.

*Sobre el pecho, ahora,
el osito amarillo
le hería con la aspereza
de su lana,
los caminos abandonados
del corazón...*

Sobre o peito, agora,
o ursinho amarelo
feria-o com a aspereza
de sua lã,
os caminhos abandonados
do coração...

Soledad

*Podría tirar mi corazón
desde aquí, sobre un tejado:
mi corazón rodaría
sin ser visto.*

*Podría gritar
mi dolor
hasta partir en dos mi cuerpo:
sería disuelto
por las aguas del río.*

*Podría danzar
sobre la azotea
la danza negra de la muerte:
el viento se llevaría
mi danza.*

*Podría,
soltando la llama de mi pecho,
echarla a rodar
como los fuegos fatuos:
las lámparas eléctricas
la apagarían...*

Solidão

Poderia jogar meu coração
daqui, em um telhado:
meu coração rolaria
sem ser visto.

Poderia gritar
minha dor
até partir em dois o meu corpo:
seria dissolvida
pelas águas do rio.

Poderia dançar
sobre a sacada
a dança negra da morte:
o vento levaria
a minha dança.

Poderia
soltando a chama do meu peito,
fazê-la girar
como os fogos fátuos:
as lâmpadas elétricas
a apagariam...

Máscara e Trevo

Mascarilla y Trébol (1938)

A Eros

*He aquí que te cacé por el pescuezo
a la orilla del mar, mientras movías
las flechas de tu aljaba para herirme
y vi en el suelo tu floreal corona.*

*Como a un muñeco destripé tu vientre
y examiné sus ruedas engañosas
y muy envuelta en sus poleas de oro
hallé una trampa que decía: sexo.*

*Sobre la playa, ya un guiñapo triste,
te mostré al sol, buscón de tus hazañas,
ante un corro asustado de sirenas.*

*Iba subiendo por la cuesta albina
tu madrina de engaños, Doña Luna,
y te arrojé a la boca de las olas.*

Para Eros

Foi aqui que te cacei pelo cangote
à beira mar, enquanto tiravas
tuas flechas do alforje para me cravar
e vi no chão tua floral coroa.

Como a um boneco estripei teu ventre
e examinei tuas rodas enganosas
e bem no meio de tuas polias de ouro
uma armadilha que dizia: sexo.

Na praia, já um farrapo triste,
te exibi ao sol, buscador de tuas façanhas,
ante um bando assustado de sereias.

Ia subindo pela costa albina
tua madrinha de patranhas, Dona Lua,
e te lancei à boca das ondas.

ULTRATELÉFONO

¿Con Horacio? — Ya sé que en la vejiga
tienes ahora un nido de palomas
y tu motocicleta de cristales
vuela sin hacer ruido por el cielo.

— ¿Papá? — He soñado que tu damajuana
está crecida como el Tupungato;
aún contiene tu cólera y mis versos.
Echa una gota. Gracias. Ya estoy buena.

Iré a veros muy pronto; recibidme
con aquel sapo que maté en la quinta
de San Juan ¡pobre sapo! y a pedradas.

Miraba como buey y mis dos primos
lo remataron; luego con sartenes
funeral tuvo; y rosas lo seguían.

Telefone para o além

Horacio? — Eu sei que na bexiga
você tem agora um ninho de pombas
e sua motocicleta de cristais
voa silenciosa pelos céus.

— Pai? — Sonhei que sua moringa
estava crescida como o Tupungato;
ainda tem nela sua fúria e meus versos.
Ponha uma gota. Obrigada. Já estou boa.

Vou ver vocês logo, me recebam
com aquele sapo que eu matei no sítio
de San Juan — pobre sapo! — a pedradas.

Olhava como um boi e meus dois primos
terminaram; depois com frigideiras
ele teve o funeral; rosas o seguiam.

Jardín zoológico de nubes

Quiero cantar al que se mueve arriba:
salud, osito tierno, tu señora
se besa con el otro algodonada
y cuando el diente clavas, se deshace.

Y la serpiente que me perseguía
en los sueños, está; y hay una garza
rosada que se viene desde el río
y la ballena destripada llora.

Y está el gato listado que una mano
mató porque era grande y poco pulcro
y en el tejado escándalos alzaba.

Y mi perro lanudo que se sienta
en las traseras patas y se expande
en un castillo que trastorna al viento.

Jardim zoológico das nuvens

Quero cantar ao que se move acima:
saúde, ursinho fofo, sua senhora
beija o outro algodoada
e quando o dente crava, se desfaz.

E a cobra que me perseguia
em sonhos, está lá; e tem uma garça
rosada que vem do rio
e a baleia estripada chora.

E tem o gato listrado que uma mão
matou porque era grande e pouco belo
e no telhado escândalos armava.

E meu cachorro felpudo que se senta
nas traseiras patas e se expande
em um castelo que transtorna o vento.

Poemas não publicados em livro

(1919-1938)

Animal cansado

Quiero un amor feroz de garra y diente
Que me asalte a traición a pleno día
Y que sofoque esta soberbia mía
este orgullo de ser todo pudiente.

Quiero un amor feroz de garra y diente
Que en carne viva inicie mi sangría
A ver si acaba esta melancolía
Que me corrompe el alma lentamente.

Quiero un amor que sea una tormenta
Que todo rompe y lo renueva todo
Porque vigor profundo lo alimenta.

Que pueda reanimarse allí mi lodo,
Mi pobre lodo de animal cansado
Por viejas sendas de rodar hastiado.
                                    [1919]

Animal cansado

Quero um amor feroz de garra e dente
que me assalte à traição em pleno dia
e que sufoque essa soberba minha
esse orgulho de tudo controlar.

Quero um amor feroz de garra e dente
que em carne viva inicie minha sangria
para ver se acaba com essa melancolia
que me corrompe a alma lentamente.

Quero um amor que seja tempestade
que tudo destrua e tudo renove
porque vigor profundo é sua vontade.

Que possa se reerguer viril no lodo,
meu pobre lodo de animal cansado
de tanto andar por velhas sendas farto.
                              [1919]

LÁPIDA

*Todo acabado está.
La buena ilusión mía
Su jugo ya no da.
Mi empeño no porfía
Mi ensueño ya no labra,
Mi anhelo ya no insiste;
Me queda la palabra,
Y hasta ella se resiste*

[1920]

LÁPIDE

Tudo está acabado.
A minha boa ilusão
seu sumo já não serve.
Meu empenho não porfia.
Meu sonho já não obra,
meu anseio não insiste;
me resta a palavra,
e até ela resiste.
                [1920]

Escribo...

Escribo a los treinta años este libro diverso
Con sangre de mis venas, según la frase vieja.
¿Para qué? No investigo. Mi mano se aconseja,
Acaso, de un deseo destructor y perverso:

El de hundir cada instante, en el pomo-universo
De mi alma y carne, la espuela de la abeja,
Para urgirla a que suelte, briosamente, su queja,
Y ceñirla en el aro goloso de mi verso.

Ved mi bella persona distendida en la tabla.
Cuando exhausta, agotada, ni se mueve, ni habla,
Pues cedió ya mi pecho cuanto zumo tenía;

Con amor, que es encono, brutalmente la animo,
La acicato, la hiero, la violento, la exprimo,
Para que dé, el ronquido final de la agonía.

[1925]

Escrevo...

Escrevo aos trinta anos este livro diverso
com sangue de minhas veias, segundo a frase antiga.
Para quê? Não me interessa. Minha mão se aconselha,
talvez, com um desejo destruidor e perverso:

O de cravar a cada instante no pomo-universo
de minha alma e carne, a espora da abelha,
para forçá-la a soltar, briosamente, sua queixa,
e agarrá-la no círculo guloso do meu verso.

Veja minha bela pessoa estirada sobre a mesa.
Quando exausta, fadigada, não se move e já não fala,
pois verteu meu peito todo o caldo que trazia;

Com amor, que é crueldade, brutalmente animo,
incito, firo, violento e exprimo a alma minha
para que então emita o ai final de sua agonia.
                                            [1925]

JUVENTUD

Alfonsina, recuerda:
los hombres te dijeron al oído
—Ya está muerta.

Pero esa noche
la carne de tu corazón en fiesta
se te partía en ramas y florecía
como los duraznos en primavera.

Y tu sangre,
tu noble sangre atea
de tiradores al blanco
y bebedores de cerveza,
ardida por las siestas
de San Juan, el arrope,
el Zonda y el licor
espeso y ocre de las abejas;

Tu sangre
se atropellaba
en el laberinto de tus arterias
y te henchía el cuello voluptuoso
y te ponía veloces las piernas.

¿Te acuerdas
que caminabas por las calles,
y sólo oías, detrás de las paredes
y las puertas
de los grises nichos de los humanos,
el beso de las bocas sedientas?

¿Te acuerdas
que al poste levantado en las esquinas
le hacías solemnes reverencias,
y a las chimeneas olímpicas
sobre las azoteas?

JUVENTUDE

Alfonsina, você se lembra:
Os homens te disseram ao ouvido
—Já está morta.

Mas naquela noite
a carne de seu coração em festa
partia-se em galhos e florescia
como os pessegueiros na primavera.

E seu sangue,
seu nobre sangue ateu
de quem faz tiro ao alvo
e de quem bebe cerveja,
tostado pelas sonecas
de San Juan, o xarope de uva,
o vento zonda e o licor
espesso e ocre das abelhas;

Seu sangue
se atropelava
no labirinto das suas artérias
e lhe injetava o pescoço voluptuoso
e lhe dava velocidade às pernas.

Você se lembra
de caminhar pelas ruas,
e só ouvir, detrás das paredes
e das portas
dos nichos cinzas dos humanos,
o beijo das bocas sedentas?

Você se lembra
que ao poste erguido nas esquinas
você fazia solenes reverências,
e também às chaminés olímpicas
no alto dos solários?

¿Te acuerdas que la luna estaba desteñida
y bobalicona sobre la tierra,
y hubieras dado un salto por hundirle
un alfanje en su pulpa fofa y desierta?
                    [1926]

Você se lembra que a lua estava desbotada
e bobalhona sobre a terra,
e que você teria dado um salto para cravar
uma adaga na sua polpa fofa e deserta?
                    [1926]

Rechazo

Curvado para hablarme, tu palabra me aferra
Y culebra quemante, penetra mis oídos,
Viertes sobre mí el cauce de tus cinco sentidos
Y perfuman tu boca los vahos de la tierra.

Un sendero de magia me promete tu beso:
Lentas colinas de oro ciñendo el infinito,
Esfinges que traducen sus rostros de granito,
Y, propicia, allá arriba, la máscara de yeso.

Con suave gesto fino te rechazó mi mano,
y mis ojos te miran como lago de hielo
Que saben cuánto cambia la falsa luz del cielo.

Porque no estoy cansada de lo humano
Solamente; del hombre, de su terca quimera,
sino hasta del constante moverse de la Esfera!
                                            [1927]

Rejeição

Inclinado para me falar, tua palavra me agarra
e, cobra fogosa, penetra meus ouvidos,
verte sobre mim o leito dos cinco sentidos
e perfumam-lhe a boca os eflúvios da terra.

Um sendeiro de magia me promete seu beijo:
lentas colinas de ouro cingindo o infinito,
esfinges que traduzem tuas faces de granito,
e proporciona, no alto, a máscara de gesso,

com suave gesto fino te rejeitou minha mão,
e meus olhos te olham como lago de gelo
outra vez se agita a falsa luz do firmamento.

Porque não estou cansada da humanidade
somente; do homem, da sua imutável quimera;
mas cansada até do constante mover-se da Esfera!
                                              [1927]

SOÑAR

Las mujeres solteras sueñan de varios modos.
Unas sueñan con joyas otras sueñan con flores,
otras sueñan con vagos y tímidos amores.
¡Son mis ardientes sueños tan distintos de todos!

Porque son mis deseos rebeldes a la brida
-como potros- yo sueño con músculos de atleta
repujados en bronce, con la fecunda veta
de una vena que arrastran, en tumulto, la Vida,

con caricias audaces; y con el beso acre,
mordaz y calcinante de una boca de lacre.
Transfigúrome entonces y, en pasional derroche,

soy lingote de plomo. Me enciendo al rojo sombra.
Me fundo en el aliento de aquel que no se nombra.
Renazco entre sus brazos. ¡Y así toda la noche!
                                              [1927]

Sonhar

As mulheres solteiras sonham de vários modos.
Umas sonham com joias outras sonham com flores,
outras sonham com vagos e tímidos amores.
São meus ardentes sonhos tão diversos de todos!

Porque é o meu desejo resistente a toda rédea,
como potro — eu sonho com músculos de atleta,
repuxados em bronze, com o fecundo filão
de uma veia que arrasta, em tumulto, a Vida;

Com carícias audazes e o seu beijo ágrio,
mordaz, calcinante de seu rubro lábio.
Transfiguro-me então e, em passional entrega,

Sou lingote de chumbo. Me acendo à sombra, em brasa
me fundo, ofegante, àquele de quem o nome calo.
Renasço entre seus braços. E assim a noite inteira.
              [1927]

Voy a dormir

Dientes de flores, cofia de rocío,
manos de hierbas, tú, nodriza fina,
tenme prestas las sábanas terrosas
y el edredón de musgos escardados.

Voy a dormir, nodriza mía, acuéstame.
Ponme una lámpara a la cabecera;
una constelación, la que te guste;
todas son buenas: bájala un poquito.

Déjame sola: oyes romper los brotes...
te acuna un pie celeste desde arriba
y un pájaro te traza unos compases

para que olvides... Gracias. Ah, un encargo:
si él llama nuevamente por teléfono
le dices que no insista, que he salido...
                              [1938]

Vou dormir

Dentes de flores, touca de sereno,
mãos de erva, você, criada fina,
deixe prontos os lençóis de terra
e o edredom de musgos e cardos.

Vou dormir, criada minha, me deite.
Ponha uma luz na cabeceira;
uma constelação, à sua escolha;
todas são boas; traga aqui pertinho.

Me deixe sozinha: escute nascerem os brotos...
te nina uma planta celeste lá em cima
e um pássaro traça seus compassos

para que você se esqueça... obrigado.
Ah, um pedido, se ele ligar de novo,
não pegue recado, diga que saí.
                    [1938]

Em busca do país de Alfonsina

Wilson Alves-Bezerra

Alguma vez já se leu a obra da poeta Alfonsina Storni (1892-1938) no Brasil: foi no início dos anos vinte do século passado. Por obra do contista uruguaio-argentino Horacio Quiroga, o livro *Irremediavelmente (1919)* de Storni chegou ao amigo e diretor da *Revista do Brasil*, José Maria Monteiro Lobato, acompanhado de recomendações e elogios. Ao responder a carta de Lobato, infelizmente perdida, Horacio demonstrava empolgação pela chegada dos versos de Alfonsina ao Brasil: "Gostei que eles tenham gostado de Alfonsina Storni. Ela é uma das boas escritoras que temos aqui" (Horacio Quiroga, "Carta a Monteiro Lobato", 6 de outubro de 1921. In: *Quiroga Íntimo*, p. 351-2).

Na edição do mês de setembro, a *Revista do Brasil* publicara uma resenha de meia página, uma coluna, sobre *Irremediavelmente*. Nota-se que Lobato, embora tenha resenhado a obra, não se empolgara com ela tanto quanto Quiroga e que, no texto, se esquivava de apreciar criticamente a poeta, assim como eludia o que havia de mais erótico no livro: na coletânea que trazia "Homenzinho miúdo" e "Me atreverei a lhe beijar", Lobato limita-se a reproduzir integralmente um soneto mais convencional, "Tanta doçura...", e depois a comentar a despreocupação com os preconceitos de escola, a individualidade e a modernidade da poeta:

> "Despreocupada dos preconceitos de escola, nesse soneto ela se mostra em toda a pujança de sua individualidade poética. Sua alma aí fala com estranha eloquência, num luxo de imagens novas e expressões vigorosas. Influencia-se, entretanto, como espírito culto que é, pelas modernas tendências poéticas e as suas produções no gênero são perfeitas, como seria fácil exemplificar, ao acaso, neste livro." (Lobato, 1921:38)

Embora vistos a cem anos de distância, os significantes utilizados por Lobato orbitam o que está em jogo no caso de Alfonsina Storni — "preconceito", "honra", "modernas tendências poéticas", "expressões vigorosas" — o seu texto se recusa a realmente dizer o que trazia o livro, muito embora o sugira, ao seu final, quando reproduz integralmente outro poema curto, "Almas suculentas", no qual o erotismo da poesia de Storni se dá a ver de modo mais contundente: "O suco divino de sua alma e de minha alma / sugando estariam as abelhas de ouro". Então, para fechar seu breve artigo, Lobato segue vago, evocando um verbo pouco adequado para o labor literário: "Alfonsina Storni é, como se vê, uma grande poetisa, que honra o seu país". O episódio, enfim, mostra a tímida recepção da obra da poeta entre os leitores brasileiros e, ao mesmo tempo, o desconcerto próprio de sua poesia em uma sociedade patriarcal como a brasileira. A reticente resenha indica que a poeta não será lida nem avaliada entre nós. O desconcerto, talvez por se tratar de uma escritora estrangeira, fica oculto sob frases genéricas.

O Brasil não será, definitivamente, o país de Alfonsina. Lobato não era, sem dúvida, figura menor do campo intelectual brasileiro. Com o poder que lhe conferia a propriedade não apenas da importante *Revista do Brasil*, como também da *Editora do Brasil*, além do séquito de intelectuais que o acompanhavam, tinha o poder de colocar em cena e circulação alguns escritores do país vizinho. Assim ocorreu com Horacio Quiroga, que teve resenhas e um texto publicado na revista de Lobato, seu livro *Contos de amor de loucura e de morte* (1917) traduzido ao português por Lila Escobar (ainda que nunca lançado) e alguns de seus contos publicados esparsamente em revistas da época. Alfonsina não mereceu tal deferência e terminou por ficar inédita no Brasil até a presente data.

Na Argentina, país onde a poeta viveu a maior parte de seus dias, sua poesia tampouco parecia fazer a alegria do *estabilishment* literário. O mesmo livro, *Irremediavelmente*, nas páginas da revista cultural *Nosotros* — o veículo hegemônico da Buenos Aires daquele momento — é recebido pelo crítico Luis María Jordán com críticas frontais que, no entanto, não se limitam aos poemas. Há alguns pressupostos de Jordán que incidem sobre o que é ser uma mulher e um homem. A partir de tais pressupostos é que Alfonsina e sua obra são julgadas. De pronto se depreende do texto de Jordán que Storni escreve como homem e que, portanto, deve ser lida por homens:

> "Com a senhorita Storni pode se falar sem eufemismos, já que ela mesma nos dá exemplos de clareza no dizer, nas viris e harmoniosas estrofes de seus versos, nas quais a autora coloca e diz tudo, sem se importar nem um pouco com as entrelinhas ou com o comentário malicioso e miserável do público assustadiço. É bem verdade que este (*sic*) poeta não escreve para ser lido pelas jeunes filles em longos momentos fastidiosos das tardes, mas sim para homens apaixonados e violentos que tenham mordido da vida, alguma vez, com a mesma ânsia com a qual se morde o coração de uma fruta

madura (...) Oferece-se com a rude camaradagem de um marinheiro, que com o pescoço nu e o cachimbo na boca, entrega-nos sem culpa no cordial apertar de mãos das chegadas." (Jordán, Luis María. "Irremediablemente" In: *Nosotros*, ano XII, núm 121, maio de 1919)[1]

O interessante é que tais palavras não vêm de um desafeto da poeta, mas de um membro do círculo de Alfonsina, o da própria Revista *Nosotros*, no qual ela é a única mulher, como se vê nas fotos de jantares do grupo. Longe de tomar a crítica acima como depreciativa, Alfonsina Storni incorpora a seu discurso a observação. Em 1931, numa entrevista para a revista *El Hogar*, a poeta assume para si esse lugar outro, viril, o que aparentemente é a via que lhe parece possível para negar a submissão associada às mulheres:

"Você compreenderá que uma pessoa como eu, que se colocou em contato com a vida de um modo tão direto, de um modo tão varonil, digamos, não podia viver, pensar, trabalhar, como uma menina encerrada entre as quatro paredes de sua casa; e minha literatura precisou refletir isso, que é a verdade de minha intimidade; eu tive que viver como um homem; eu reclamo para mim uma moral de homem." (Storni, Alfonsina. *apud* Alcázar Civit, Pedro de. "Reportaje: Alfonsina Storni, que ha debido vivir como un varón, reclama para sí una moral de varón. *El Hogar*. Septiembre, 1931. Reproduzida em *OCII*:1107)[2]

Mas as críticas a Alfosina não se limitavam a seu erotismo frontal. Seis anos antes, o poeta e crítico Jorge Luis Borges chegara a falar, de modo depreciativo, numa resenha sobre a poeta Nydia Mamarque, da qual hoje poucos se lembram, que ela manejava bem seu sujeito poético, "sem incorrer nem nas imprecisões nem nas gritarias de comadre que costuma nos oferecer a Storni" (Borges, Jorge Luis. *Revista Proa*, 1925, ano 2, núm 14, p. 51)[3]. O ataque de Borges a Storni é de gênero e classe social.

---

[1] "Con la señorita Storni puede hablarse sin eufemismos, ya que ella misma nos da ejemplos de claridad en el decir, en las viriles y armoniosas estrofas de su verso, en las que la autora pone y dice de todo, sin importársele un comino de la entrelínea o del comentario malicioso y miserable del público asustadizo. Bien es cierto que este poeta no escribe para ser leídos por las jeunes filles en largos hastíos de las medias tardes sino para hombres apasionados y violentos que hayan mordido la vida, alguna vez, con la misma ansia com que se muerde el corazón de una fruta madura. (...) Se ofrece con la ruda camaradería de un marino, que con el cuello desnudo y la pipa en la boca se nos entrega sin reatos en el cordial apretón de manos de los arribos." (Jordán, Luis María. "Irremediablemente" In: Nosotros, ano XII, num 121, maio de 1919)

[2] "Usted comprenderá que una persona como yo, que se ha puesto en contacto con la vida de un modo tan directo, de un modo tan varonil, digamos, no podía vivir, pensar, obrar, como una niña metida en las cuatro paredes de su casa; y mi literatura ha tenido que reflejar esto, que es la verdad de mi intimidad; yo he debido vivir como un varón; yo reclamo para mí una moral de varón." (Storni, Alfonsina. *apud* Alcázar Civit, Pedro de. "Reportaje: Alfonsina Storni, que ha debido vivir como un varón, reclama pra sí una moral de varón. *El Hogar*. Septiembre, 1931.)

[3] "sin incurrir ni en las borrosidades ni en la chillonería de comadrita que suele inferirnos la Storni" (Borges, Jorge Luis, (1925). *Revista Proa, ano 2*, núm 14, p. 51)

Em tempos bem mais recentes, Beatriz Sarlo, em um estudo curto dedicado à poeta, volta ao tema do que é culturalmente atribuído ao universo masculino, e de como a lírica de Alfonsina Storni subverteria esse lugar comum. No entanto, a socióloga insiste, por diversas vezes, na falta de qualidade estética de sua poesia:

> "Alfonsina é cafona porque não sabe ler nem escrever de outro modo. (...) Como fenômeno sócio-cultural Alfonsina é isso. Não escreve assim só porque é mulher, e sim por sua falta de cultura a respeito das tendências novas da cultura letrada/ por seu 'mau' gosto, se se pensar nas modalidades do gosto que se impunham na década de 20. Sua cafonice está inscrita e quase predestinada em seus anos de formação e no lugar que ela ocupa no campo intelectual, mesmo com o seu sucesso." (Sarlo, 1988a:9-10)

Sarlo atualiza os preconceitos em relação à poeta, reconhecendo seu potencial provocativo e transgressor quanto às suas temáticas, mas enfatiza o fato de ela supostamente não se filiar aos cânones da vanguarda martinfierrista dos anos 20, que ela qualificou em um estudo seu como "o novo" (Cf. Sarlo, 1988b(2003):97-8). É arriscada, ademais, sua posição de que a obra de Storni é fruto de uma falta de escolha, de uma carência intelectual, e não resultado de escolhas estéticas, diversas ao longo de sua obra.

Sejam as reticências de Lobato, o ataque sexista de Jordán, a ofensa social de Borges ou a redução da poeta, promovida por Sarlo, a fenômeno sociológico, o caso é que se coloca em cena seu caráter singular não apenas na cena literária argentina do primeiro terço do século vinte mas também na sociedade do Rio da Prata. O centro de abalo sísmico que representa a poeta, seja nos costumes, seja na sua lírica, tem um epicentro que parece não caber em nenhuma nacionalidade.

Tanta dissonância dá o que pensar. É evidente que a face mais visível do incômodo causado pela poeta se deve ao fato de ela ser mulher, e de falar de sua condição de mulher, do corpo feminino, do lugar da mulher na sociedade, colocando em dúvida os padrões estabelecidos no Rio da Prata.

Há mais, porém: Storni é estrangeira, filha de suíços, nasceu naquele país e viveu na Argentina com pais, tios e primos suíços. Sua condição de migrante deve ser interrogada. Rastrear algo de suas raízes familiares, de seu lugar de origem, pode nos ajudar a pensar sobre como se dão as condições para que a Alfonsina tome a palavra e a linguagem como o fez. A pergunta é: há incidências de sua condição de estrangeira em sua produção poética? A pergunta também poderia ser outra: Suíça será o país de Alfonsina?

Uma cerveja chamada *Los Alpes*

Quando Angelo, Pablo e Pietro Antonio, os três filhos mais velhos do casal Federico Storni e Teresa Santina Guidetti, chegaram, em 1880, à província argentina de San Juan, vindos de Lugaggia, no cantão ticinense — região de língua italiana ao sul da Suíça — eles não vinham, como tantos outros migrantes pobres oriundos da Europa, apenas para ganhar a vida. Eles chegavam para realizar projetos pioneiros: instalavam a primeira fábrica de gelo, de água gaseificada e de cerveja da região. Fora um empreendimento bem calculado: escolheram um local cujo clima pudesse lembrar em algo o de seu lugar de origem, e trocaram o sul da Suíça pela cordilheira andina; além disso, traziam capital e tecnologia. Os negócios foram bem e a cerveja *Los Alpes, de Storni & Cia* passou a circular pela região com relativo sucesso.

A notícia animou o caçula, Alfonso, que ficara em sua Lugaggia natal. Ainda solteiro, ele aguardou até seu casamento, para então, como os irmãos, trocar os alpes suíços pela cordilheira andina. Sua vinda aconteceu cinco anos depois, quando ele contava 23 anos e sua esposa Paulina, apenas 16 anos. Já instalados na cidade argentina de San Juan, Alfonso e Paulina tiveram dois filhos, Maria Ana e Romeo, a primogênita nascida em 19 de outubro de 1887 e seu irmão em 2 de dezembro do ano seguinte.

A chegada do casal, porém, teve resultado bastante diverso daquele dos pioneiros da família Storni. Com espírito menos prático e menos empreendedor que o dos irmãos, Alfonso viu-se algo perdido entre a terra estrangeira, o casamento, os filhos e a bebida e, em pouco tempo, foi se extraviando em meio à melancolia e indolência que logo o dominariam. A família deixou de crescer, os planos cessaram e não se viu outra solução a não ser regressar à terra natal, em busca de novos ares, novos estímulos e quem sabe, um recomeço.

Assim, com uma sensação que deve ter sido de fracasso e alívio, que Paulina e Alfonso regressaram à Suíça, com seus dois filhos argentinos. Lá o casal recomeça a vida e gera a terceira filha. E, clara homenagem ao pai, a garota irá se chamar Alfonsina.

Uma cidadezinha adormecida ao sol na montanha

As vozes, as cores e a língua italiana transbordam as fronteiras nacionais e embebem o lago que umedece as franjas dos altos montes que compõem o Cantão Ticino e dão a marca de Lugano, a maior cidade na qual se fala o italiano fora da Itália.

Lago Lugano, Suíça, nas cercanias da cidade de mesmo nome, onde nasceu a mãe de Alfonsina Storni. (Foto de Wilson Alves-Bezerra)

A expansão urbana encontra nas montanhas uma barreira natural, essa quase intransponível, e mesmo após mais de mil anos, é apenas suavemente que a cidade de Lugano vai escalando aqueles alpes.

Para a felicidade de quem chegue ainda hoje, há mais de um século do nascimento de Alfonsina Storni à sua região natal, pode se encontrar preservado o entorno natural que foi explorado por seus olhos nos primeiros anos de vida, em configuração não tão diversa.

A pequena Lugano de sua mãe tornou-se hoje uma cidade de 68 mil habitantes, o segundo principal destino turístico da Suíça, e já com décadas de construções dos mais diversos estilos. Mas não foi à Lugano materna, a desenvolvida, culta e urbanizada, que Alfonso e Paulina retornaram, após seis anos de aventura argentina. Foram mais ao alto nas montanhas do entorno, para instalar-se num rincão ainda menor chamado Sala Capriasca, a dois quilômetros de Lugaggia, onde nascera seu pai, a fim de tentar retirar o melancólico empreendedor de sua iminente ruína psíquica.

Sala Capriasca é um dos muitos povoados cravados na subida do Monte Bigorio. Há documentos que atestam sua existência desde o ano 1078. Quem a visita se dá conta de que está bastante semelhante ao que tem sido ao longo dos tempos: uma porção de casas de pedra sobre um chão de pedra em uma meseta pedregosa. O sino da igreja de Santo Stefano marca o tempo e o pequeno cemitério mostra que não foram muitos a caminhar sobre aquele chão.

Para chegar a Sala Capriasca passa-se antes por Tesserete, o povoado que atualmente abriga o terminal de ônibus, as repartições públicas e o comércio da região e que fica um pouco mais abaixo no monte. Em seu cemitério, entre os nomes que se reiteram nas lápides, as que as condições financeiras e o prestígio permitiram ocupar os lugares de destaque nos cemitérios, estão ramos diversos da família Storni. O significante também se apresenta em restaurantes e em um pequeno armazém da cidade.

É preciso caminhar pela Via alle Pezze para ir se desvencilhando dos carros, do comércio moderno, ainda que discreto, do atual destino turístico. É preciso chegar aonde as ruas se transformam em vielas, as paredes de concreto em paredes de pedra, onde já quase ninguém circula ou habita. Assim se chega a Sala Capriasca, sempre montanha acima, antes no lombo de animais, hoje de modo já bem mais fácil.

A reiteração da pedra nas alamedas estreitas, nas construções, opõe-se ao verde das montanhas acima, das montanhas abaixo. Fica-se com a impressão de estar em meio a uma cidade fantasma, não fossem as caixas de carta que pedem para que testemunhas de Jeová e vendedores não incomodem. Opta-se pelo recolhimento e o silêncio.

Torre da Igreja de Santo Estéfano, em Tesserete, Suíça. (Foto de Wilson Alves-Bezerra)

Pois foi ao fim de uma viela assim, quase ao centro da vila, numa casa de dois pavimentos, que hoje é ocupada por ao menos três famílias, e que dá de frente a uma praça pedregosa, que os olhos de Alfonsina registraram seu primeiro olhar.

Alfonsina é aquela criança branquinha, chorando de fome, de sono e por tudo e nada que choram os bebês, como logo será a menina a correr pela praça que lhe fora presentada pelas circunstâncias, infelizmente sem nenhum quinhão vegetal. Alfonsina ignora ainda a aventura argentina de seus pais e irmãos, mas sentirá seus efeitos. Por enquanto ela apenas brinca no grande quintal que é a praça em frente.

A casa, vista de fora, dá a impressão de ser menos antiga que as do entorno, claramente medievais, mas encaixa-se na paisagem. Certamente nesses primeiros anos de vida, a língua que acalantava a menina era o italiano de seus pais, no qual ela leria D'Annunzio. O espanhol que habitara desde os primeiros momentos da vida argentina dos seus irmãos Romeo e María também se ouvia na casa, mas era ainda a língua de um país desconhecido, o da aventura dos pais e tios, estava longe de ser a língua na qual descobriria os ritmos do nicaraguense Rubén Darío, poeta decisivo em seus primeiros anos de leitora de poesia. O francês chegaria a seu tempo, língua de cultura, já conhecida pela mãe, professora e pianista. Para Alfonsina, seria a língua para ler Baudelaire, cujo malditismo jamais abandonaria sua lírica.

Ali está Alfonsina, a pequena, sem saber que em apenas quatro anos, seus pais novamente irão se lançar ao mar, para recomeçar a aventura argentina do exato ponto em que pararam. A memória da poeta, já adulta, será diversa em seus poemas e entrevistas. No seu último ano de vida, numa conferência decisiva em Montevidéu, ela conta não sobre aquele primeiro quintal, mas sobre o outro, o argentino, que ela descobriu na cidade de San

Juan. É uma lembrança literária, do desejo de conhecimento, da vontade de ostentá-lo e de sua falta:

> Estou em San Juan, tenho quatro anos; me vejo corada, redonda, nariz de batata e feiosa. Sentada no portal da minha casa, mexo os lábios como se estivesse lendo um livro que tenho nas mãos e espio de rabo de olho o efeito que causo nos passantes. Uns primos me envergonham gritando que o livro está de cabeça para baixo e eu corro para chorar detrás da porta (Storni, 1938:(OCI:1076)).[4]

Se for precisa a lembrança da poeta — mas qual lembrança é precisa? — a menina está sob o impacto da língua estrangeira — duplo desafio — num momento em que toda língua escrita será quase estrangeira a ela: portará um livro em espanhol.

O desejo pelo objeto livro e a vaidade ferida de não estar pronta para ele. Mesmo oriunda de uma família letrada, na qual seus pais eram ao menos trilíngues, o conhecimento era algo a ser tomado de assalto, contra tudo e contra todos, e não no tempo ditado pelos adultos, mas no momento determinado por ela.

Dois anos depois, já em processo de alfabetização em espanhol e frequentando uma escola argentina, novamente conta a poeta outra história com livros. Dessa vez a criança já não fica chorando pela falta, ela a suplanta pela astúcia:

> Aos seis anos roubo com premeditação e aleivosia o texto de leitura em que aprendi a ler. Minha mãe está muito doente na cama; meu pai perdido entre seus vapores. Peço um peso nacional para comprar um livro. Ninguém me responde. Reprimendas da professora. Meus companheiros avançam com rapidez no aprendizado. Decido. A uma quadra da escola normal que eu frequento fica uma livraria; entro e peço: *O Menino*. O balconista me entrega o exemplar, então peço outro livro, cujo nome invento. Surpresa. Indico ao vendedor que vi aquele livro no fundo da loja. Ele entra para procurá-lo e eu grito: "Vou deixar o peso aqui" — e saio voando para a escola. Meia hora depois, sombras negras no corredor — a da diretora e a dele — apertam meu coraçãozinho. Nego, choro, digo que deixei o peso no balcão; reforço que havia outras crianças na loja. Em casa, ninguém dá atenção às reclamações e eu fico com o fruto do roubo (Storni, 1938:(OCI:1076-7)).[5]

---

[4] Estoy en San Juan, tengo cuatro años, me veo colorada, redonda, chatilla y fea. Sentada en el umbral de mi casa, muevo los labios como leyendo un libro que tengo en la mano y espío con el rabo del ojo el efecto que causa en el transeúnte. Unos primos me avergüenzan gritándome que tengo un libro al revés y corro a llorar detrás de la puerta.

[5] A los seis años robo con premeditación y alevosía el texto de lectura en que aprendí a leer. Mi madre está muy enferma en cama; mi padre perdido en sus vapores. Pido un peso nacional para comprar el libro. Nadie me hace caso. Reprimendas de la maestra. Mis compañeras van a la carrera en su aprendizaje. Me decido. A una cuadra de

Na memória da mulher, escritora feita e reconhecida, as letras são transgressão num sentido bem mais amplo do que se poderia supor. Mas nos dois relatos percebe-se ainda que a trajetória de migração, acompanhada dos irmãos e dos pais, significou, para ela, um percurso de perdas: a língua que tinha, o italiano, foi se tornando insuficiente para falar com aquela gente; a condição financeira dos pais só iria declinar. A bancarrota do pai alcóolatra, da mãe doente, impôs-se, e a pequena Alfonsina crescia em uma vida improvisada,

> Cresço como um bichinho, sem vigilância, tomando banho nos canais de San Juan, trepando nos pés de marmelo, dormindo com a cabeça entre os galhos. Aos sete anos de idade, apareço em casa às dez da noite acompanhada da babá de uma casa amiga para onde vou depois das aulas e fico até a janta (Storni, 1938(OCI:1077)).[6]

Não é difícil imaginar, ao longo dos anos, as sucessivas tentativas dos irmãos e da esposa tentar estimular Alfonso a levar a vida adiante, como se o problema estivesse com as condições externas e não com ele próprio: primeiro a solução tentada foi sair da Argentina, reencontrar a terra natal, ter uma nova filha, batizá-la em homenagem ao pai, depois foi voltar a San Juan. O ciclo, no entanto, apenas recomeçara.

Agora, em 1900, fracassados os planos prévios, esgotada a cota de filhos, com o nascimento do quarto, Hildo, no ano anterior, o casal decide mudar-se para Rosário, onde, nas proximidades da estação Sunchales, Alfonso estabelecerá o Café Suíço. Nele, Alfonsina trabalhará ajudando o pai, daqueles anos de convívio consolidará uma imagem do homem sensível e taciturno que levará pela vida: *meu pai perdido entre seus vapores*.

Pela força da mãe empreendedora — que em San Juan estabelecera na casa da família uma escola particular, que tocava piano para as visitas e que publicava nos jornais da cidade artigos em francês e italiano — é que Alfonsina irá compreendendo, agora não mais de improviso, valores como a independência e a ousadia. Desde sua chega a Rosário, Alfonsina vira o Café Suíço abrir e fechar, a mãe

---

la escuela normal a la que concurro hay una librería; entro y pido: El nene. El dependiente me lo entrega; entonces solicito otro libro, cuyo nombre invento. Sorpresa. Le indico al vendedor que lo he visto en la trastienda. Entra a buscarlo y le grito: "Allí le dejo el peso", y salgo volando hacia la escuela. A la media hora las sombras negras, en el corredor, de la directora y de aquel, encogen mi corazoncillo. Niego, lloro, digo que dejé el peso en el mostrador, recalco que había otros niños en el negocio. En mi casa nadie atiende reclamos y me quedo con lo pirateado.

[6] Crezco como un animalito, sin vigilancia, bañándome en los canales sanjuaninos, trepándome a los membrillares, durmiendo con la cabeza entre pámpanos. A los siete años aparezco en mi casa a las diez de la noche acompañada de la niñera de una casa amiga adonde voy después de mis clases y me instalo a cenar.

continuar tocando a vida em frente, costurando roupa para fora, e seu pai, em 16 de julho de 1906, finalmente se entregar de todo à adição e à morte, com apenas 43 anos.

Enquanto o universo de possibilidades artísticas e intelectuais se ampliava, minguavam os recursos materiais. Numa sociedade patriarcal, restava Paulina, bem ativa e vistosa nos seus 36 anos de idade, com quatro filhos para criar. Os tempos da bonança já haviam findado, agora sequer havia a figura de Alfonso para dar a aparência da completude e autossuficiência da família burguesa.

Aos 14 anos, Alfonsina assume sua independência contingente como própria, em seu mundo onde os homens definitivamente não desempenham qualquer papel de destaque. A imagem que dela construirá Olimpia, a irmã caçula, que nesse momento sequer havia nascido, dão conta de uma adolescente turbulenta, em brusca transformação. Olimpia, em 1957, não falará por si, reproduzirá o que de Alfosina diria algum parente, a própria mãe, talvez:

> Alfonsina, naquela época, está no período difícil da adolescência. A desconcertante passagem entre a menina e a mulher. Seus doze anos abarcam muito além deles. Há então nela uma atividade febril. Os roubos, os incêndios, os crimes maquiavelicamente urdidos, foram cobrando contornos tão sinistros que terminaram por espantar a ela mesma. Então abandona aquele jogo perigoso. Ao raiarem os quatorze anos decididamente opta por uma reação lógica. A cordura da idade. A menina havia deixado de ser tal coisa, para entrar na meditativa da mulher e, sonhadora, se aparta para criar um mundo que ela procura, que ela persegue, ansiando plasmar (Perelli, Olimpia. 1957a).[7]

Impressionante como é diferente a imagem trazida pela irmã daquela que a própria Alfonsina tinha de seu passado: para ela, a adolescência é a descoberta da fabulação, da literatura e das versões divergente sobre o mundo e a vida:

> Aos doze escrevo meu primeiro verso. É de noite; meus familiares ausentes. Falo nele de cemitérios, de minha morte. Dobro-o cuidadosamente e deixo-o

---

[7] Alfonsina, por aquella época está en el período difícil de la adolescencia. El desconcertante paso entre la niña y la mujer. Sus doce años abarcan mucho más allá de ellos. Hay por ese entonces en ella una actividad febril. Los robos, los incendios, los crímenes maquiavélicamente urdidos, fueron cobrando tales siniestros contornos, que terminaron por espantarla a ella misma. Entonces abandona aquel juego peligroso. Al rayar los catorce años planta decididamente por una reacción lógica. La cordura de la edad. La niña había dejado de ser tal, para entrar en la mediativa de la mujer, y, soñadora, se aísla para crear un mundo que ella busca, que ella persigue ansiando plasmar." (Olimpia. 1957. In: Revista VOSOTRAS. AÑO XIX N 1109 Bs. As, 8 de marzo de 1957)

debaixo do abajur para que minha mãe o leia antes de se deitar. O resultado é essencialmente doloroso: na manhã seguinte, após uns exaltados protestos meus, uns cascudos frenéticos pretendem me mostrar que a vida é doce. (...) Desde aquela idade até os quinze, trabalho para viver e para ajudar a viver (Storni, 1938(OCI:1077)).

O caso é que Alfonsina e a mãe tomam as rédeas de suas vidas lá mesmo, na Argentina. Se lhes passasse pela cabeça retornar à Suíça, aquele seria o momento: pedir ajuda à família, e recomeçar entre os seus. Mas essa não foi uma opção. Quem retrocedia e claudicava era Alfonso, não Paulina. Seguiriam em Rosário, sem os sonhos fugazes da cerveja, do gelo e do gás da família do falecido. Paulina e Alfonsina passaram a se valer tanto de seus meios disponíveis, fossem eles artísticos ou braçais: Paulina dividia-se entre as tarefas da casa e as aulas particulares; Alfonsina foi trabalhar numa tecelagem de gorros, assumindo um posto de trabalho de operária.

Em pouco tempo, em 1907, as duas se encantaram com a ideia de trabalhar numa companhia de teatro, quando chega a Rosário a de Manuel Cordeiro. O diretor vinha encenar a Paixão de Cristo e, para tanto, arregimenta cidadãos locais. O papel de Maria Madalena, segundo conta a biógrafa argentina Josefina Delgado, seria para a mãe, então com 38 anos. Mas surgiu também um papel no último momento para a adolescente de 15 anos, de substituir o ator que faria o papel de S. João Evangelista. Como Alfonsina acompanhava todos os ensaios, ela conhecia bem a peça e pôde desempenhar o papel com desenvoltura. Foi seu passaporte não apenas para sua estreia como atriz, mas, principalmente, sua chance de sair de Rosário para fazer parte da companhia ao longo de um ano, viajando por diversas cidades do país, representando um repertório amplo, que passava por Ibsen, Pérez Galdós e Florencio Sánchez. Em sua temporada de artista mambembe, a palavra em sua dimensão oral ganhava importância para a jovem atriz.

Afora isso, Alfonsina conheceu o assédio masculino, como sugere numa carta ao amigo e filólogo espanhol Julio Cejador, ao rememorar aqueles anos:

Aos treze anos[8], eu estava no teatro. Este salto brusco, filho de uma série de acasos, teve uma grande influência sobre minha atividade sensorial, pois me colocou em contato com as melhores peças de teatro contemporâneo e clássico. (...) Mas como eu era uma menina que já parecia uma mulher,

---

[8] Outras biografias já nos fizeram notar que as datas não batem: Alfonsina situa a lembrança em um período anterior de sua adolescência, anterior à morte do pai.

minha vida se tornou insuportável. Aquele ambiente me asfixiava. Dei no pé (Storni, Alfosina. "Carta a Julio Cejador", sem data, *apud* Nalé Roxlo, 1964:39-40).

Assim a carreira de atriz se interrompe de forma prematura e Alfonsina regressa à casa da mãe, nos últimos dias de agosto de 1908, após ter percorrido com seu grupo as províncias argentinas de Santa Fe, Córdoba, Mendoza, Santiago del Estero e Tucumán. A mãe, porém, também já mudara de vida. Paulina se casara novamente e mudara de cidade: agora ela vivia em Bustinza, no departamento de Iriondo, em Santa Fé, cidade natal de seu novo marido. Para as duas, sempre era possível recomeçar.

Alfonsina, 17 anos e ainda suíça

Numa série de crônicas publicadas no fim dos anos cinquenta, a meia-irmã mais nova de Alfonsina, Olimpia Perelli, rememorará o início dos estudos de Storni como normalista rural:

> Em 8 de março de 1909, com os atos de rigor, foram inauguradas, com a participação do Ministro da Instrução Pública de Santa Fé, Juan Arzeno, as turmas da Escola Normal Mista de Professores Rurais de Coronda. O número de alunos de ambos os sexos inscritos para ingressar no primeiro ano era reduzido. Entre eles, figurava no registo Alfonsina, do seguinte modo: "Alfonsina Storni, 17 anos. Suíça. Mãe: Paulina Martignoni de Perelli. Suíça. Professora" (Perelli, Olimpia, 1957b).[9]

De atriz à normalista, eis o giro da jovem Alfonsina. Mais uma vez, Alfonsina segue os passos de Paulina: se o desejo pelo ofício de atriz foi despertado por ela, a opção por ser professora também se deve à profissão da mãe.

Olímpia, postumamente, terá ficado impressionada com o registro da irmã, e brinda as leitoras da revista *Vosotras* com aquela providencial cópia, uma espécie de fotografia instantânea da condição movente das mulheres da família. A citação quase que casual do registro de Alfonsina e da recepção da turma de novos normalistas rurais, além de deliberadamente mostrar a proximidade da futura poeta com as autoridades locais, sublinha que naquele momento ela ainda era reconhecida como suíça e

---

[9] "El 8 de marzo de 1909, con los actos de rigor, fueron inauguradas con asistencia del ministro de Instrucción Pública de Santa Fe, don Juan Arzeno, las aulas de la Escuela Normal Mixta de Maestros Rurales de Coronda. El número de alumnos de ambos sexos inscriptos para ingresar a primer año, era reducido. Entre ellos, figura anotada en el registro, Alfonsina, así: "Alfonsina Storni. 17 años. Suiza. Madre: Paulina Martignoni de Perelli. Suiza. Maestra."

que a mãe de ambas já contava com o sobrenome do segundo marido, Juan Perelli, contador.

Olímpia mostra-se bastante consciente de quanto a condição de migrante da mãe é decisiva para a quantidade de oportunidades que ela pode ter no novo país:

> O título de professora da minha mãe de nada valia por ela ser estrangeira, como também pouco ou nada para utilizar sua formação nem seu domínio do italiano e do francês. A mulher vivia relegada a uma vida sedentária, sem inquietudes, em um ambiente deprimente de interiorana apatia. Apenas em uma oportunidade, pouco depois de ter se radicado em Rosário, vivendo no Bairro Echesortu, minha mãe montou uma escola particular. Por muitos quarteirões em torno não havia um colégio, por isso ela chegou a ter quarenta alunos que então pagavam um peso e cinquenta cada um (Perelli, Olimpia, 1957c).[10]

O discurso de Olimpia, como também o de Paulina, sobre a formação cultural, a instrução formal e os conhecimentos de várias línguas da família, diferem em muito do lugar comum de uma suposta estreiteza de horizontes ou ignorância de Alfonsina Storni, como no caso de Beatriz Sarlo (1988). A própria Storni valeu-se ironicamente do preconceito que sofria por ser mulher e mulher de letras ao mesmo tempo e criou, entre dezembro de 1925 e julho de 1933, uma série de aforismos chamada "Diário de uma ignorante".

Se abundam exemplos dos preconceitos sofridos por Alfonsina por ser mulher, por ter sido operária, por não ser casada, não há, por outro lado, registros suficientes para dizer o quanto Alfonsina era reconhecida pelas pessoas de seu círculo pessoal como estrangeira. Em relação a Paulina isso era evidente e, inclusive, rendera-lhe certo prestígio nalgum momento, quando, nos primeiros tempos de San Juan, escrevia artigos em francês e italiano — duas das línguas suíças — nos jornais locais. Além disso, seu ofício de professora, sua disponibilidade para ser atriz de teatro e permitir que a filha adolescente também o seja e inclusive viaje com a companhia. Ainda mais: no limite, seu segundo casamento após a morte do marido, certamente fazia dela uma mulher diferente do padrão médio das mulheres de família do local. Assim, não é difícil supor que Alfonsina participe do

---

[10] "El título de maestra de mi madre de nada valía por ser extranjera, como también un poco y nada por utilizar su instrucción ni su dominio de italiano y francés. La mujer vivía relegada a una vida sedentaria, sin inquietudes, en un ambiente deprimente de pueblerina apatía. Solo en una oportunidad, a poco tiempo de haberse radicado en Rosario, viviendo en el Barrio Echesortu, puso mi madre una escuela particular. En muchas cuadras a la redonda no había un colegio, por lo que llegó a tener cuarenta alumnos que abonaban por aquel entonces un peso con cincuenta cada uno."

exotismo atribuído a Paulina, e que aquela família estrangeira seja por demais dissonante e fora dos padrões.

A jovem professora rural que se formará aos 19 anos, já terá trabalhado como redatora, operária de tecelagem, e se por um lado terá tido a cultura e a experiência de pertencer a uma família ilustrada de Lugano, por outro terá também conhecido o que é pertencer à classe trabalhadora, em contato próximo com diversos grupos operários, como o dos anarquistas argentinos, que articulavam seu movimento nas fábricas.

Entre a origem suíça e a realidade argentina, entre a classe alta à qual sua família nalgum momento pertencera e a classe baixa na qual ela agora se reconhece, Alfonsina Storni traz em si uma heterogeneidade que a acompanhará até o fim de seus dias.

O fato é que ao surgir na cena literária argentina, Alfonsina é percebida, antes de tudo, como mulher e operária. Para além do fato de ser migrante, o que está em jogo, além de seu gênero, é sua condição social. Há uma série de contemporâneos seus, filhos ou netos de migrantes europeus, ao não se encontrarem, pelas contingências, em uma posição subalterna na sociedade, que se moveram pelo campo cultural em condição bem diversa da sua. Gente como Jorge Luis Borges e Adolfo Bioy Casares, que incorporaram orgulhosos suas origens britânicas e passaram a se portar como lordes e fazer muxoxo para tudo o que lhes soasse demasiado visceral, demasiado sul-americano, ou demasiado — segundo eles — deselegante ou cafona. Roberto Arlt, filho de germânicos, por sua vez, assumiu o lúmpen como seu espaço e passou a se dedicar a escrever com a linguagem da rua, a falar da visceralidade do que ele, no que seria o título de seu primeiro livro, chamou de "a vida porca". Não se tratava, em definitivo, de uma questão de nacionalismo, mas de uma questão de classe.

Quanto ao gênero, há que se fazer uma observação. As mulheres migrantes que se destacaram no Rio da Prata, muito significativamente, são todas oriundas da classe alta. O exemplo mais evidente é o da filha de noruegueses Norah Lange, que passou a adolescência numa casa frequentada por escritores, e que também pelo estilo e modo de vida da classe alta, foi culturalmente sempre mais aberta ao convívio de gente de todas as classes sócias, de Horacio Quiroga a Jorge Luis Borges, de Alfonsina Storni a Silvina Ocampo.

No caso das irmãs Silvina e Victoria Ocampo ocorre algo bem interessante, de que vale a pena falar aqui, para construirmos uma imagem daquela Buenos Aire cosmopolita e xenófila. Victoria Ocampo, nascida apenas dois anos antes de Alfonsina, em Buenos Aires, no dia 7 de abril de 1890, tem um pai que reivindica para si a ascendência dos conquistadores espanhóis, ao mesmo tempo, esse mesmo pai oferece às suas duas filhas duas preceptoras, uma inglesa e uma francesa: Victoria Ocampo é alfabetizada em francês e nessa língua é que aprende a ler e a escrever (Cf. Hervier, 2020:12). Ao final dos anos vinte, será nessa língua que trocará cartas íntimas com o escritor francês Pierre Drieu de la Rochelle. As duas irmãs, nascidas em berço esplêndido, nunca tiveram dúvidas sobre seu lugar social e estiveram sempre à vontade movendo-se entre as classes dirigentes. Victoria, no entanto, deixou-se tocar de modo diverso da irmã Silvina, por questões artísticas e sociais: tal como ocorrera com Alfonsina, Victoria quis, aos quinze anos, ser atriz de teatro. Tal caminho lhe foi interditado pela família. Também como Alfonsina, porém mais tardiamente, Victoria fez parte do movimento feminista, tendo sido uma das fundadoras da União de Mulheres Argentinas (Cf. Castilho & Felgine, 1991:91ss e 173ss).

Lá mesmo onde estavam as possibilidades de avançar de uma mulher pelas artes — o teatro — era vetada a presença de uma moça de família. As experimentações que com sua vida fez a jovem Alfonsina resultaram em sua singularidade artística mas também na falta disseminada de reconhecimento de muitos de seus contemporâneos. Para reconhecê-la era preciso normalizá-la, mas, como isso não era possível, era preciso tratá-la como um homem, como uma excêntrica, como uma neurastênica. Dificuldades da inteligência burguesa sul-americana.

Alejandro Alfonso, o filho

Em 1911, já formada e com o título de professora rural, Alfonsina é logo nomeada para trabalhar na escola de educação infantil número 65, em Rosário. Pela primeira vez, irá viver sozinha, trabalhando na profissão para a qual estudara.

Mas também essa etapa irá durar pouco. Afora as dissonâncias que já a constituíam, Alfonsina também conhecerá o preconceito de seus contemporâneos ainda por uma outra razão: coerente com sua característica de não ceder a limites sociais, ela passa a ter um relacionamento com um homem de Rosário, cujo nome manteve-se em sigilo por anos, até que nos anos setenta, após sua morte, foi revelado: Carlos Tercero Arguimbau, um deputado estadual de Santa Fé, que tinha então 43 anos e que fora o responsável pela indicação da jovem Alfonsina para a escola de Rosário.

O caso é que Alfonsina engravidara, sem ter a menor possibilidade de viver conjuntamente com aquele homem, casado. Por um lado, a garota não tinha o menor interesse em permanecer como mãe solteira às custas dele. Alfonsina opta pelo caminho mais destemido: renuncia a seu emprego e se muda para Buenos Aires, onde não contará com ninguém a não ser consigo mesma.

Seu primeiro ano em Rosário já como mulher feita, e não mais como ajudante de seu falecido pai no Café Suíço, transformou seu horizonte: a professora de educação infantil, ela via seu prestígio crescer, com a publicação de seus poemas nos magazines *El mundo rosarino* e *Monos y monadas*. Em paralelo às suas primeiras edições, mesmo como professora ela se ocupa em difundir a literatura: além de organizar a leitura pública de um poema seu, *Viagem à lua*, pelos alunos do jardim da infância, na formatura das crianças, Alfonsina canta um solo da ópera *La Traviata*, em sua língua materna, naturalmente.

Era, enfim, um modo de revisitar seu passado, com o pai alcoólatra, e alçar um voo para além dele. Agora, porém, era outro homem mais velho que passava de possibilidade de amor a causador de uma situação com a qual não sabia como lidar: grávida e sozinha.

Se interromper sua recém começada vida em Rosário terá sido traumático, Alfonsina desejará contar, para a nova etapa, com seu crescente destaque como poeta e leitora de poesia. Porém, ao chegar a Buenos Aires em 1912, grávida, com pouco dinheiro e sem trabalho, o que ela de fato irá mobilizar será o destemor com o qual já teve que contar, nas muitas vezes em que já se encontrou desamparada, por conta do alcoolismo do pai.

Aluga então um quarto na casa de uma família, no bairro sul, por indicação de conhecidos de Santa Fé. Seu primeiro emprego portenho será de caixa em uma farmácia e em seguida na loja *A la ciudad de México*, na rua Florida, na esquina com Sarmiento.

Nada muito promissor, mas é nesse contexto que nasce seu filho, Alejandro, cujo segundo nome será uma homenagem ao pai morto, Alfonso, e que terá por sobrenome apenas o da mãe, Storni. O garoto nascerá no dia 21 de abril de 1912, no hospital San Roque, atualmente chamado de Ramos Mejía.

Logo Alfonsina conquista seu terceiro emprego, o mais literário de todos, será o de "correspondente psicológica" para a empresa Freixas Hermanos, uma importadora de azeite. Sua função era de responder cartas aos clientes, estimulando-os a comprar mais azeite, e também de escrever anúncios para os jornais e revistas. É nesse emprego, finalmente intelectual, que Alfonsina consegue reservar um pouco do tempo para, furtivamente, escrever os versos de seu primeiro livro autoral, *A inquietude do roseiral*. É a própria quem conta a experiência:

Aos dezenove anos estou encerrada em um escritório; me acalanta uma canção de teclas; as divisórias de madeira se erguem como diques para além da minha cabeça; barras de gelo refrigeram o ar às minhas costas; o sol passar pelo telhado mas não posso vê-lo; baforadas de asfalto quente entram pelos vãos e a campainha do bonde chama ao longe. Cravada na minha cadeira, ao lado de um horrível aparelho para imprimir discos, ditando ordens e correspondências para a datilógrafa, escrevo meu primeiro livro de versos. Deus te livre, meu amigo, de *A inquietude do roseiral...*! Mas eu o escrevi para não morrer (Storni, 1938, OCII:1077-8).

Um traço de personalidade de Alfonsina é menosprezar — ironicamente ou não — parte de sua própria obra, como os primeiros livros. Porém aquilo que parte dela, como traço de sua persona pública, é tomado por parte de seus detratores que, muito embora desvalorizem tudo o quanto ela tenha lido ou escrito, valem-se justamente de trechos como o anterior para dizer que "Alfonsina é consciente dos limites de sua poesia" (Sarlo, 1988:13).

No livro de estreia de Alfonsina figura o poema "A loba", que pode ser lido — certamente — na chave do "eu o escrevi para não morrer". Nesse texto, mobiliza sua experiência de mãe solteira e a expõe para um coro de mulheres — cordeirinhas — que a julgam. Trata-se de um poema de grande força, que causou escândalo em sua época e que hoje pode ser lido como um canto visceral de liberdade. Não é difícil notar como rompe com os padrões de seu tempo:

> Eu tenho um filho fruto do amor, amor sem lei
> ser como as outras não quero, gente que nasceu para ser gado,
> Cabisbaixo, arrastando arado; levo erguida a cabeça
> É com as mãos que eu afasto o capim.
> (Storni, "A loba" In: *Irremediavelmente*, 1916)

Porém é insuficiente, para lê-lo, pensar na ruptura de padrões sociais. É um poema com um eu-lírico feminino, de versos livres, que interpela as demais mulheres e exibe força e sensualidade. Não consta que haja nas vanguardas argentinas outros versos como esses.

Ao publicar esse poema, Alfonsina Storni tem vinte e quatro anos, vive sozinha com Alejandro Alfonso, seu filho, que tem exatamente a mesma idade que ela tinha quando, querendo exibir seus dotes intelectuais, segurava de cabeça para baixo, em San Juan, um livro que fingia ler. Alejandro, a partir daquele momento, já podia repetir o gesto da mãe, o de segurar de ponta cabeça o seu livro de versos.

A evocação lírica da maternidade independente poderia levar-nos a pensar que ela era uma questão solucionada para a jovem mãe. Porém há relatos controversos de gente próxima que nos levam a suspender uma conclusão. O exemplo mais eloquente é aquele oferecido pela atriz russa Berta Singermann, que conviveu com Alfonsina desde o fim dos anos 10, e que foi a responsável pela encenação pública de muitos de seus poemas, como se pode ver no registro muito erótico dos versos de "Capricho", realizado pela atriz e disponível atualmente no Youtube. Em suas memórias, Berta conta sobre o dia tardio em que conheceu o filho da amiga:

Alfonsina Storni, em 1916, aos 24 anos. (Fotógrafo desconhecido. Fonte: Archivo General de la Nación Argentina)

> Alfonsina tinha um filho natural, cuja existência ignorávamos, até seus melhores amigos. Talvez o tenha ocultado durante um tempo porque era professora e uma professora solteira e com um filho, naqueles anos, e hoje em dia, tinha e tem seus problemas.
> Conhecemos seu filho, Alejandro, anos depois, durante uma de minhas temporadas no Rio. Vivíamos no hotel [Copacabana] Palace. Uma manhã bem cedo toca o telefone. Meu marido atende e eu o escuto dizer: "Alfonsina, o que você está fazendo no Rio?" Alfonsina explicou que estava de passagem com o vapor em viagem à Europa e acrescentou: "Tenho uma surpresa para vocês. Posso subir?" "Suba logo", respondeu meu marido. Ele abre a porta e entra Alfonsina com um rapaz. Olhou para a gente, sorrindo, e disse:
>
> "— Não sabem que eu trouxe...? Meu filho.
> "Ficamos bestificados. E ela, mais séria, acrescentou:
> "— Meu filho Alejandro. Estou indo com ele para a Europa.
>
> E assim foi como Alfonsina nos mostrou e apresentou Alejandro, que naquela época deveria ter uns 18 anos" (Berta Singermann, *Mis dos vidas*, 1981, pp. 231-2).

O ano era 1932, e Alfonsina Storni estava levando seu filho, homem feito, para conhecer sua Suíça natal. Essa história dá a dimensão das dificuldades para a poeta de viver em relativa normalidade como mãe solteira no começo do século vinte em Buenos Aires. Definitivamente, o período adulto de Storni, com a criação do filho, está longe de ser algo simples para a poeta.

Seria então possível perguntar-nos se o rechaço da Storni mais madura se devia apenas a alguns versos e rimas pouco elaborados do livro de estreia, ou a certa exposição excessiva da própria autora, como é o caso desse poema "A loba"? As vidas humanas são por demais intrincadas para que se possa aventar, de modo consequente, qualquer hipótese ou conclusão.

Antes de poeta, cronista

Enquanto preparava seus poemas para o livro de estreia, ainda em 1912, Alfonsina publicava suas primeiras colaborações nos magazines portenhos. Naquele momento, não eram ainda poemas. No dia 10 de abril, a revista *Fray Mocho* estampava seu texto "Da vida", uma crônica que trata da experiência de uma professora particular pobre, contratada por uma família burguesa sem muitas posses, mas que quer manter as aparências. A cronista mostra como a família vai regateando com cada candidata, sempre privilegiando o preço mais baixo, até que contrata uma que aceita trabalhar por meros doze pesos ao mês. Para as amigas, entretanto, a contratante conta pagar oitenta pesos, e ainda conta orgulhosa que a professora veste-se elegantemente com roupas da última moda. Enquanto a contratante conta suas lorotas, a professora subitamente chega para dar aula, vestida com suas roupas pobres de sempre. Ato contínuo, a empregada da casa, aliando-se à patroa, pede para ela vir pela entrada de serviço e ficar quieta, para que ninguém a veja. A professora humilhada, a proprietária triunfante e a empregada achando-se imprescindível, eis o quadro final que nos apresenta o texto de Alfonsina Storni.

Essa crônica, que desnuda a luta de classes sem espaço para ambiguidades, mostra com clareza não apenas o lugar social com o qual Alfonsina se identifica, mas dá também a medida de seu potencial de perturbação do *estabilishment* sócio-literário portenho. Seus poemas darão conta do universo libidinal da mulher, de seus desejos e de sua sensualidade contra as convenções estabelecidas; suas crônicas tratarão racionalmente da luta de classes e do lugar social da mulher na sociedade. Em sua vida social, Alfonsina será a mulher que jamais se casou, mas que nunca se privou de exercer sua libido. Assim ela jamais caberá no nicho da intelectual aceitável pela elite social, cultural ou econômica da Argentina. Pensemos nas burguesas e mesuradas irmãs Ocampo, em Norah Lange, para ver como Alfonsina Storni destoa.

O modo de ser aceita será acatando o lugar masculino que se lhe atribui. Aqui, um exemplo eloquente: o grupo da revista *Nosotros* a acolherá em seus almoços públicos. Giusti, o diretor da revista, em discurso proferido um ano após a morte de Alfonsina, irá se referir à troca de categoria: do pejorativo feminino "professorinha cordial" ao consagrador masculino "um autêntico poeta":

> Desde aquela noite de maio de 1916 essa professorinha cordial, que mesmo depois de seu primeiro livro de aprendiz era uma vaga promessa, uma esperança que nos era necessária em um tempo em que as mulheres que escreviam versos — bem poucas — pertenciam geralmente à subliteratura, foi camarada honesta de nossas tertúlias e, pouco a pouco, insensivelmente, foi crescendo a estima intelectual que tínhamos por ela, até descobrir que nos encontrávamos diante de um autêntico poeta (Giusti, Roberto. "Alfonsina Storni" In: *Literatura y vida*. Conferência de 16 de novembro de 1938. *Apud* Delgado, Josefina, 2010:73).

Aceitar um lugar masculino, digamos, nunca impediu Alfonsina de exercer sua feminilidade, como se nota por sua poesia, mas também pelos causos que legou à posteridade. A biógrafa Josefina Delgado reproduz um depoimento do escritor Mujica Lainez (1910-1984), dezoito anos mais jovem que Alfonsina e que, estando numa festa com ela, viveu a seguinte situação:

Conheci Alfonsina Storni quando eu tinha dezessete anos, na Festa da Poesia da minha tia Pepa Lainez, que deu origem a relações de prestígio. Eu naquela época tinha o costume de visitá-la, no seu pequeno e alto apartamento na esquina das ruas Córdoba e Esmeralda. Ela [Alfonsina] era muitíssimo mais velha que eu, desgrenhada e veemente. Uma admirável poetisa, sem dúvida, mas os matizes me escapavam. Parei de ir ou, melhor dizendo, escapuli da casa dela, espantado, no dia em que quis me beijar. (...) "Só considero um homem meu amigo depois de tê-lo beijado" (Lainez, Mujica, diário inédito. *Apud*. Delgado, Josefina, 2010:152-3).

FINALMENTE POETA

Contrariando o que poderiam ditar as expectativas para uma mulher jovem, mãe, sem apoio da família, Alfonsina vinga conseguindo criar seu filho, trabalhando em empregos mal remunerados. Além disso, consegue abrir portas, publicando nos mais populares jornais e revistas de Buenos Aires, como cronista e poeta. Seu primeiro livro, do qual algo já se disse acima, é publicado por um gráfico, numa tiragem de quinhentos exemplares, pela qual a poeta deverá pagar, em algum momento, quinhentos pesos argentinos. Consta que não os pagou jamais.

A inquietude do roseiral tem recepção pública bastante tímida na imprensa escrita portenha. Porém, desde antes de seu lançamento, a autora sabe do escândalo que causará, ainda que seja velado pelo silêncio geral. Há uma carta de Alfonsina, ainda antes da publicação, dirigida ao pudico e moralista escritor argentino Leopoldo Lugones, com quem compartilhava as páginas de revistas como *Nosotros* e *Caras y Caretas*, querendo saber se será possível contar com sua defesa quando ela for acusada de imoral:

> (...) meu livro vai ser publicado em breve. Eu sei que vão me botar a pecha de imoral. Eu sei que vão gritar contra a professora revolucionária e pouco pudica. Quero saber se os espíritos livres como o seu estarão comigo (Storni. Carta a Leopoldo Lugones. 18 de junho de 1915. *Apud* Delgado, 2010:64-5).

A resposta do mestre, até onde se sabe, tem a eloquência das sepulturas. Mesmo assim, o livro vê a luz e recebe meia página de crítica na edição de março de 1916 da revista *Nosotros*, escrita por Nicolás Coronado, na qual elude seu possível teor escandaloso e afirma que a poeta estreante é uma promessa.

Promessa? — pergunta-se, quem é poeta, ainda mais aqueles que escrevem para não sucumbir — *Promessa? Se não prometi nada a ninguém. Se meu livro é o horizonte máximo onde pude naquele momento chegar. Eu nunca disse que seria outra coisa...*

O efeito de *A inquietude do roseiral* tem menos a ver com críticas ou vendagem do livro do que com o fato de ele fazer com que a autora seja aceita no meio intelectual. Isso, sem dúvida, abre caminho para que sua segunda obra tenha melhores condições de vir a público. Já colaborando nas revistas e com uma primeira obra publicada, os círculos intelectuais se abrem para ela. Assim é que conhece o casal Manuel Gálvez e Delfina Bunge. Gálvez era escritor e acabara de se lançar como editor, responsável por uma recém-criada editora cooperativa, que começara a lançar importantes livros, como *Contos de amor de loucura e de morte*, de Horacio Quiroga (1917) e *Cidade,* de Baldomero Fernández Moreno (1917). Sua esposa, poeta, escrevia e publicava seus versos em francês, e tivera seu primeiro livro, *Simplement,* lançado em Paris em 1911.

Gálvez, ao saber que Storni, além de poeta, é conhecedora de outras línguas, convida-a a traduzir a obra da esposa, mas também a lançar um livro autoral pela Cooperativa. Assim, em 1918, é publicado *Doce Dano,* o décimo terceiro da coleção, já com a mobilização de seu recém-formado círculo intelectual. A esse livro irão se seguir mais dois pela mesma editora: *Irremediavelmente* (1919) e *Languidez* (1920).

Quanto aos poemas de Bunge, eles são publicados em 1920, acompanhados de um prefácio de José Enrique Rodó e de um posfácio da tradutora. Para além do sentido que possam ter esses anos para a história pessoal de Alfonsina, é importante perceber como cria corpo a publicação de poetas mulheres nesse momento na região do Rio da Prata. Tanto que, em 1920, Alfonsina é convidada a ir a Montevidéu não apenas para ler seus próprios poemas, como também os de Delfina Bunge e falar sobre a poesia da uruguaia Delmira Augustini. A esse grupo logo se unirão Emilia Bertolé — poeta e pintora de Santa Fé, que irá radicar-se em Buenos Aires —, a jovem aristocrata norueguesa Norah Lange — que na época tinha apenas 16 anos, mas que se dedicará ao conto e à poesia antes de se entregar em cheio ao romance — e a uruguaia Juana de Ibarborou. Tal consciência, de que há uma poesia escrita por mulheres, no alvorecer dos anos vinte no Rio da Prata, não é patrimônio de uma visão retrospectiva. Alfonsina se dá conta desse movimento. O que a singulariza, sobremaneira, é que além de ter contato com as poetas que publicam nas revistas da moda e frequentam a sociedade portenha, ela também passa a ter aceitação nas camadas populares. Alfonsina apresenta-se cada vez mais em cafés, bibliotecas de bairros e agremiações como a das Lavadeiras Unidas, organizada com o apoio do Partido Socialista. Sobre esse último grupo, Alfonsina diz:

> O lugar ficava no fim da rua Puerreydón, então muito mais próxima do rio que agora, e o público era formado quase exclusivamente por negras, pardas e mulatas, fato que unido à sua profissão de lavadeiras me fez duvidar, por um momento, da época em que eu vivia. Acreditei-me transportada por um passe de mágica à colônia, e tive medo de que meus poemas lhes parecessem futuristas. Não foi o que aconteceu: nos entendemos desde o primeiro instante. Por cima ou por baixo da literatura, isso pouco importa. Nos compreendemos em nossa mútua essência feminina, isso que custa tanto a vocês, homens, entenderem... se é que algum dia entenderão (Storni, sem data. *Apud* Nalé Roxlo, 1964:75).

Por essa época, em que pese a "essência feminina", a reflexão de Alfonsina sobre seu gênero e seu lugar social fazem dela e de sua poesia elementos subversivos da ordem patriarcal estabelecida. Poemas como "Você me quer branca" (1918) e "Homenzinho miúdo" (1919), que interpelam frontalmente o universo masculino, vão conquistando sucesso popular nos muitos saraus que faz Alfonsina. É preciso imaginar aquela mulher pequena, loura, recitando "homenzinho miúdo, eu te amei por meia hora, /não me peça mais", para compreender o potencial corrosivo de sua poesia e de suas performances. A dimensão vocal da sua leitura, aliás, é tão importante para a poeta que, por aquela época, ela inclusive dava aulas particulares de récita.

Seu reconhecimento popular cresce visivelmente, tanto que seu quarto livro, o terceiro pela cooperativa de Gálvez, *Languidez* (1920), esgota-se rapidamente e, fato inédito para ela, logo chega à segunda edição. O livro recebe ainda o Primeiro Prêmio Municipal e o Segundo Prêmio Nacional de Literatura. Além da consagração pública, amealha quinze mil pesos argentinos, sendo cinco mil no certame municipal e dez mil no nacional. Uma pequena fortuna que permitirá que ela faça uma das coisas de que mais gosta, viajar.

Naquela mesma época, Alfonsina tem uma antologia de seus poemas publicada em italiano, traduzida e custeada por Alfonso Depascale, *Poesie scelte di Alfonsina Storni — Primi sagi di traduzione della grande poetessa argentina*. A edição traz um prólogo escrito pela própria poeta em italiano, sua língua materna, e em espanhol. O livro é editado e circula em Buenos Aires e o objetivo do editor é congregar a comunidade de língua italiana e difundir a poesia local naquela língua, o que já vinha fazendo nalguns jornais e revistas locais, publicados em italiano.

Anos depois, no mês da morte de Alfonsina, outubro, e cumprindo uma promessa feita a ela, Depascale lança *Antologia dei poeti argentini* (1949), coletânea na qual o número de poemas de Storni amplia-se para dezenove. O organizador conta no prólogo que havia

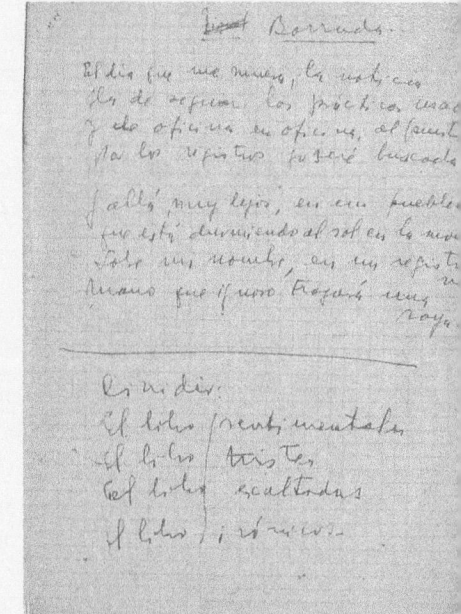

Manuscrito do poema "Borrada", de Alfonsina Storni. (Fonte: Biblioteca Nacional Argentina)

prometido à poeta, um dia, incluir sua poesia posterior aos primeiros anos de sua lírica. O livro é não somente o cumprimento da promessa, como também uma forma de oferecer uma amostra considerável de sua poesia em sua língua materna, uma espécie de sol da poesia argentina, em torno do qual outros poetas orbitam.

Alfonsina, 28 anos... argentina?

Talvez a publicação dos poemas em italiano, talvez a escrita do prefácio, talvez um outro elemento perdido que nos escape, fizeram com que Alfonsina rememorasse sua infância para além daquela cena do livro de ponta cabeça, num dia perdido na memória de San Juan. O fato é que Alfonsina pensava em sua terra natal.

Naquele ano de 1920, ela escreve um poema que fará parte de *Languidez*. Um texto curto, lírico, que poderia inclusive passar desapercebido na torrente dos versos contundentes da poeta. Trata-se de uns versos que, sutilmente, rememoram Sala Capriasca, seu povoado natal. Fato inédito até então. Em seus apenas oito versos, "Apagada", faz ressurgirem lembranças com a evocação de uma região não nomeada, um ambiente onírico e ensolarado: "uma cidadezinha / Adormecida ao sol na montanha".

O poema não é sem importância. Nele há outra imagem, muito menos onírica: a sala da paróquia de Tesserete, onde está o livro de batismo que traz o seu nome. Aquela paisagem de sonho se encontra com o pragmatismo da vida cotidiana: onde está sua certidão de nascimento? No poema, ela só será buscada a partir de sua morte, numa espécie de peregrinação sem termo, pois, em definitiva, ela não está na Argentina. Uma errância pós-morte em busca de um documento de origem, que é finalmente encontrado:

> No dia em que eu morrer, a notícia
> Vai seguir as práticas habituais,
> E de cartório em cartório,
> Nas certidões vão me buscar.
>
> E lá, bem ao longe, em uma cidadezinha
> Adormecida ao sol na montanha
> Em cima do meu nome, em um registro velho,
> Uma mão que ignoro depositará um traço.
> (Storni, Alfonsina. "Apagada", 1920)

Os biógrafos que me antecederam não registram as razões, mas será no ano de 1920 que Alfonsina Carolina Storni Martignoni, aos 28 anos, irá se naturalizar argentina. Pouco a pouco, como aconteceu com outros escritores migrantes, como o uruguaio Horacio Quiroga, ficarão na memória argentina como escritores locais.

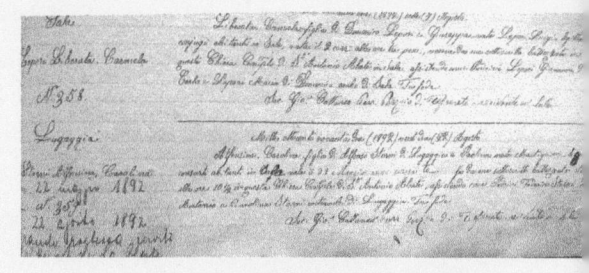

Certidão de nascimento e batismo de Alfonsina Storni.
(Fonte: Arquivo Paroquial de Tesserete)

O que se apaga, entretanto, não é o registro de nascimento, muito pelo contrário: o traço que nele intervém não é o da mão desconhecida que o suprime, mas o do padre que, no Arquivo Paroquial de Tesserete, anota à margem esquerda do registro de batismo: *"Grande poetessa morta al mar de La Plata"*.

Alfonsina forjara um nome para si, capaz de fazer um padre do outro lado do oceano, entre os alpes suíços, registrar uma nota anexa a sua certidão de nascimento. Seu gesto de se fazer argentina tampouco apaga suas origens suíças, ocorre bem outra coisa: ele desloca para sua escritura o país natal, faz dele paisagem e motivo literário na parte final de sua obra.

AMOR COM HORACIO QUIROGA

Desde o fim dos anos 10, quando Alfonsina estava em ascensão, ela conheceu, entre o grupo de *Nosotros*, o escritor uruguaio Horacio Quiroga. Horacio era homem de poucas palavras. Viúvo, tinha passado pelo trauma de ver a mulher agonizando no povoado isolado de San Ignacio, no norte do país, onde ambos viviam, por opção de Quiroga, em condições rústicas. Lá, ele tivera a experiência de vida que desejara: entre a natureza selvagem, ser o responsável pela produção do próprio alimento, plantando e caçando o de comer e, em paralelo a isso, ir escrevendo os contos que publicava em muitas das revistas da capital. Lá, também, viu a esposa sucumbir à sua personalidade dura e à selva inóspita.

De volta a Buenos Aires, onde vivera alguns anos antes, tinha prestígio crescente, começava a publicar em livro seus contos e respirava, depois de anos de isolamento na selva, novamente o ar da cidade. Baixo, magro apesar de musculoso, com uma barba espessa que emoldurava o rosto macilento, cujos olhos claros, como muitas fotos captaram, não raro olhava o chão — eis o homem que Alfonsina conheceu. Como ela, Horacio tinha filhos, Eglé, da idade de Alfonso, e Darío, um pouco mais novo. Com revistas, editores e tantos amigos em comum, não foi difícil que ambos acabassem se encontrando em Buenos Aires.

Um relato privilegiado de um primeiro beijo público entre os dois vem da parte de Norah Lange — a jovem cujos pais abriam a casa para escritores no fim de semana: no sábado, os jovens vanguardistas, no domingo, os veteranos. O relato sobre Alfonsina e Horacio é de um domingo animado:

> Certa vez Alfonsina Storni e Horacio Quiroga tinham que pagar uma prenda imposta por um jogo: beijar ao mesmo tempo as duas faces de um relógio de bolso. Quiroga deixou o relógio cair e beijou os lábios de Alfonsina. Minha mãe os viu e não gostou nada. O jogo predileto dos domingos era o Martim Pescador. Nos divertíamos mais do que as crianças, com os braços em arco e a famosa pergunta (Lange, 1968:16).[11]

A relação entre os dois — ele, um homem de quarenta anos, viúvo e pai de dois filhos, ela, uma mulher de trinta, mãe de um filho — não tinha nada de corriqueira numa sociedade como a do Rio da Prata da virada dos anos 10 aos 20, e causava incômodos que resultavam em relatos públicos sempre reticentes por parte do círculo de convivência de ambos.

Nota-se nas cartas de Horacio Quiroga a seus amigos uruguaios de Salto, sua cidade natal, o cuidado do escritor em dizer que não irá acompanhado de Alfonsina, para não ferir a suscetibilidade das esposas. Ou o próprio silêncio de seus amigos biógrafos, ao não mencionar nenhuma vez o nome de Storni na biografia que fizeram dois anos após a morte do escritor, em 1939.

Membros do grupo Anaconda: (da esquerda para direita) Horacio Quiroga, Cora Bertolé, Emilia Bertolé, duas garotas não identificadas, Alfonsina Storni, um homem não identificado, Enrique "el gato" Iglesias e outro homem não identificado. Agachado: Samuel Glusberg. (Acervo pessoal de Horacio Quiroga)

A relação de Horacio e Alfonsina dura do final dos anos dez até ao menos o ano de 1925, quando, conta-se, Horacio — após ter publicado parte importante de sua obra em

---

[11] "Cierta vez Alfonsina Storni y Horacio Quiroga tenían que cumplir una 'pena' impuesta por el juego de prendas: besar al mismo tiempo las dos caras de un reloj de bolsillo. Quiroga dejó caer el reloj y besó en los labios a Alfonsina. Mi madre lo vio y se disgustó mucho. El juego predilecto de los domingos era el Martín Pescador. Nos divertíamos más que los chicos, con los brazos en arco y la famosa pregunta." (Lange, 1968:16)

Buenos Aires — e gozar já de grande popularidade, decide regressar para viver em San Ignacio, para uma segunda tentativa de viver seu sonho de natureza. Horacio convida Alfonsina para vir morar com ele. Morarem juntos, nesse caso, significa renunciar à vida urbana e cosmopolita de Buenos Aires e se mudarem a um povoado de centenas de pessoas, onde não havia luz elétrica ou asfalto, e onde estariam cotidianamente entre cobras peçonhentas, onças e outros predadores.

Alfonsina, intensa e apaixonada como sempre, considerou a proposta, que certamente a seduziu, mas que não se parecia com nenhuma experiência anterior que houvesse vivido: em Sala Capriasca, San Juan, Coronda, Rosário e Buenos Aires, ela sempre esteve em núcleos urbanizados.

Após vacilar, ela resolveu se aconselhar com o amigo e pintor Benito Quinquela Martín, para ver o que ele achava. A resposta, nas palavras ditas por Haydée Ghio, em 1990, e recolhidas pela biógrafa argentina Josefina Delgado, não poderiam ser menos ambíguas: "Com esse louco? Nunca!" (Delgado, 2010:119). Horacio Quiroga, autor de contos fantásticos, alguns bem sangrentos — como "O travesseiro de pena", "O solitário", "A galinha degolada" — homem dado a poucas finezas e poucas palavras, era tido por muitos como desequilibrado.

Para Alfonsina, abrir mão do que conquistara em Buenos Aires, pessoal e artisticamente, para se entregar a um matrimônio duvidoso em terras distantes, foram razões de sobra para renunciar à relação. Tanto Horacio como Alfonsina eram pessoas de temperamento forte e decisões firmes. Assim a ruptura foi inevitável. O afeto entre os dois, disso há sinais mais que evidentes, esse manteve-se até o fim das vidas de ambos.

Quando se separam, em torno de 1925, Horacio preparava a publicação daquela que seria sua obra máxima, *Os desterrados*, que surgiria no ano seguinte. Já Alfonsina, que desde 1920 não publicara um só livro de poemas, lança *Ocre*, aparecido naquele mesmo ano.

Se não há nos papeis pessoais de Horacio e Alfonsina referências íntimas diretas um ao outro, na dimensão intelectual ou pública muda-se de figura: Horacio Quiroga elogia, com frequência inusual para ele, os versos da poeta para amigos intelectuais. Já Alfonsina chega a escrever um perfil de Horacio Quiroga, publicado numa edição especial da revista *Babel*, que sai em 1926. Além disso, após a morte do uruguaio, Alfonsina lhe dedica dois poemas: o primeiro, "Telefone para o além", lançado em 1938, aproxima duas figuras masculinas da poeta: Horacio e o pai. Os versos iniciais, dedicados a seu amor, são eloquentes e fazem alusão ao câncer no aparelho urinário que vitimou o antigo companheiro:

> Horacio? — Eu sei que na bexiga
> você tem agora um ninho de pombas
> e sua motocicleta de cristais
> voa silenciosa pelos céus.
> (Storni. "Telefone para o além")

O outro, uma homenagem escrita logo após o suicídio de Horacio Quiroga, em 1937, quando soube que seu câncer era incurável e inoperável. Trata-se de uma homenagem visceral, nunca publicada em livro, tão somente na edição de homenagem da revista *Nosotros*, em março daquele ano. No poema, o eu lírico se dirige a Horacio e reconstrói tanto seu universo vital, quanto elementos de sua obra e aspectos do seu suicídio:

> (...)
> Não se vive impunemente,
> de cara para o Paraná.
> Bem por sua firme mão, grande Horacio...
> Que digam eles.
>
> "Nos fere cada hora — fica escrito —
> nos mata a hora final."
> Uns minutos menos... quem te acusa?
> Que digam eles.
>
> Mais apodrece o medo, Horacio, que a morte
> que às costas vai.
> Você bebeu com gosto, e então sorriu...
> Que digam eles.
> (...)
> (Storni, Alfonsina. "A Horacio Quiroga" (1937). In: OCI:558.)

No funeral do escritor, conta o seu amigo Cesar Tiempo, chamava a atenção o sorriso estampado na face do morto.

Outras marcas ficaram da amizade, até os dias finais. Na caderneta que acompanhou Horacio nos dias finais, quando o escritor retornou de San Ignacio para se internar no Hospital das Clínicas de Buenos Aires, por exemplo. Em certa página, ele anotou o número do ônibus que leva à casa de Alfonsina a partir do hospital e seu telefone. As páginas que antecedem e sucedem àquela tem a letra tênue de quem está frágil no leito. A página dedicada a Alfonsina, porém, tem caracteres firmes, e se destaca ao centro da página.

Estrela Argentina

Em 1924, Alfonsina Storni recebe com satisfação a notícia de que sua obra será editada em Barcelona, pela editora Cervantes, na coleção "Os melhores poemas dos melhores poetas". É o momento em que as vendas de seus livros se alçará das centenas para os milhares do outro lado do mar. Nessa época, ela dá uma entrevista à revista *Mundo Argentino*, dando conta de que já tinham sido vendidos seis mil exemplares de sua antologia (Cf. Rúas, Enrique, "La poetisa Alfonsina Storni". Mundo Argentino. Buenos Aires, 1924).

Figura central da indústria cultural rio-platense, no ano seguinte, Alfonsina idealiza e ajuda a promover a primeira edição da Festa da Poesia, em Mar del Plata. Lá, compareceriam as poetas que publicavam costumeiramente nas revistas de Buenos Aires — como Margarita Abella Caprile, Beatriz Eguía Múñoz, Mary Rega Molina, além da própria Alfonsina. Quem estava no balneário para veranear, acabava se animando para ver as poetas das revistas e o evento foi um êxito de público.

Uma festa literária como essa dá a dimensão de que seu público se expandia, de que não se tratava mais de pequenos eventos para não mais de trinta pessoas, mas que sua poesia e, talvez, sua figura pública passava a contar com a simpatia do grande público. É assim que Alfonsina passa a circular pelos magazines populares, mas também numa revista cultural como *Nosotros*; passa a apresentar-se nas associações de bairro e nas agrupações feministas, e também nas bibliotecas e teatros frequentados pela classe alta.

Tendo a simpatia das classes populares e o apoio dos poderosos, Alfonsina foi brindada com a criação de cátedras pelas quais ela ficaria responsável: primeiro, uma de teatro infantil, no Teatro Laverdén, em 1921; depois uma de leitura e declamação na Escola Normal de Línguas Vivas, em 1923; logo, em 1926, outra, no Conservatório de Música de Declamação.

Abundavam as entrevistas e reportagens de Alfonsina nos magazines e nas revistas de grande circulação. Na toada das matérias sobre as estrelas internacionais de cinema, que com tanta frequência ilustravam as capas e páginas de uma revista como *Mundo Argentino*, figuras locais como Alfonsina Storni têm a exposição duplicada, pois aparecem nas revistas tanto como autoras de poemas e crônicas, como nas matérias de comportamento e vida social.

Tão à vontade se sente com aqueles anos de êxito, que se permite, depois de *Ocre*, a trilhar novos caminhos estéticos. Seu livro seguinte é surpreendente. Apesar do título convencional, *Poemas de amor* (1926), o trabalho é um corte radical em sua obra: a série é composta por 67 poemas curtos em prosa, nos quais o arrebatamento do eu lírico liberta-se das rimas que prevaleciam na maior parte de sua lírica, e passa a trazer uma série de imagens poéticas e cenários nos quais o amor, a recusa e a entrega são intercambiáveis. Trata-se de um trabalho ímpar que tem sido costumeiramente ignorado pela crítica e pelo público argentino. Mesmo nas edições contemporâneas das *Obras Completas* pela editora Losada, os poemas desse livro ficam deslocados da obra lírica, como se consistissem num universo à parte.

De algum modo, isso se deve ao próprio discurso de Alfonsina em relação à sua produção. Sobre os *Poemas de amor*, ela escrevera na apresentação do livro:

> Estes poemas são simples frases de estados de amor escritas em poucos dias faz algum tempo. Não é, pois, tão pequeno livro obra literária e nem pretende sê-lo. Apenas se atreve a ser uma das tantas lágrimas caídas dos olhos humanos (Storni, 1926).

Essa espécie de rebaixamento promovido pelo prefácio de Storni enquadra os textos numa espécie de desabafo, embora sua elaboração poética seja evidente. A retórica amorosa do livro, que evoca a um só tempo o *Cântico dos Cânticos*, San Juan de la Cruz e o *Spleen de Paris* de Baudelaire, traz uma síntese incomum em Storni até o momento. Seus pequenos poemas têm força visual e passional:

> Você tinha medo da minha carne mortal e nela buscava a alma imortal. Para encontrá-la, com palavras duras, você me abria grandes feridas. Então, inclinava-se sobre elas e aspirava, terrível, o odor do meu sangue. (Storni, 1926)

O fato é que a crítica, fiando-se das palavras da autora, não deu muita importância ao livro. Seu biógrafo, Conrado Nalé Roxlo, dedica-lhe tão somente duas linhas: "São os temas habituais nela, aqui sem a força do verso que era seu idioma natural" (Nalé Roxlo, 1964:114). Os leitores, alheios à discussão da qualidade literária da obra, compraram os *Poemas de Amor*, que rapidamente chegaram às três edições publicadas.

O franco-argentino Max Daireaux (1883-1954) traduziu-o na íntegra para o francês. Hoje em dia há edições integrais do livro em catálogo em alemão (traduzido na Suíça por Reinhard Streit, em 2003) e italiano (traduzido também na Suíça por Augusta López-Bernasocchi em 1988).

No começo de 1927, Alfonsina estreia como autora de teatro, com a obra *O senhor do mundo*, uma peça baseada na sua experiência como mãe solteira — embora disso ninguém diga nada publicamente. A estreia da peça não poderia ser cercada de maior expectativa: anunciada nos jornais e revistas, a sessão é concorrida, e conta inclusive com a presença do presidente da república, Marcelo T. de Alvear e do prefeito de Buenos Aires, Carlos Noel. A expectativa criada em torno à obra, no entanto, não se cumpre, os críticos são reticentes, quando não frontalmente contrários, à obra e ao fim das primeiras sessões, a obra é retirada de cartaz.

Alfonsina publica então na revista *Nosotros* um longo artigo que é a história dos bastidores da montagem. Com seu humor singular, ela expõe — um a um — aqueles que ela julga terem sido os responsáveis por seu fracasso, a começar pelo empresário que a contratou até os críticos de jornal. Ela relata da seguinte forma sua reunião com Bengoa, o empresário:

> — Alfonsina Storni, eu a admiro. Você é a salvação da América. Ao seu lado toda mulher que escreve padece de anemia. Em você há, literalmente, 100% de hemoglobina. Você tem uma comédia escrita. Ela me foi recomendada efusivamente por Martínez Cuitiño. Eu sou empresário-diretor procurando uma peça para montar. Minha esposa, a primeira atriz da companhia, é a única mulher no país que pode interpretar essa peça. (...)
> Resultado: entreguei a ele a comédia.
> Bastidores: Martínez Cuitiño não tinha lido a peça.
> (Storni, 1927. OCII:1096)

Ao ler o artigo hoje nos damos conta tanto da argúcia de Alfonsina, em ridicularizar aqueles dos quais ela acredita ter sofrido alguma forma de desrespeito, quanto de sua clareza em relação ao funcionamento do sistema cultural local, em suas dimensões artística, econômica e dos interesses envolvidos. É nesse segundo ponto que reside a riqueza do artigo: a articulista mostra como ela estava disposta a fazer concessões, quanto ao título da peça, quanto aos atores, mas que desistiu no meio do processo ao perceber que de suas propostas já não restava nada.

Para pôr um fim à polêmica, o artigo expõe todos os envolvidos, com as sutis denúncias da autora relativamente a machismo, excesso de interesses comerciais, trocas de favores, que levaram-na a abrir mão de todo seu esforço. Além disso, para permitir que o público possa ter acesso ao que ela julga a versão autoral da peça, ela a publica na revista teatral *Bambalinas*, omitindo os nomes dos atores originais, os quais, segundo se nota por argumentação no artigo, não estavam à altura de sua montagem.

Contrariando ao que se poderia supor, tal experiência tão frustrante não impede Alfonsina de seguir como autora de teatro, e ela escreverá ainda outras nove peças, a maior parte delas de teatro infantil.

A palavra pública de Alfonsina é cada vez mais contundente e seu discurso assume abertamente sua posição feminista. Em uma entrevista de 1928, ao ser perguntada pelo repórter se ela pensava em se casar, ela lança uma frase que é de uma contundência sem par: "O senhor acha que, por acaso, haveria algum homem em Buenos Aires capaz de aguentar a fama que eu carrego?" (De la Fuente, Ernesto. "La poesia y la prosa de Alfonsina Storni" *El suplemento*, 1928. *Apud*. Delgado, Josefina, 2010:182).

Em busca de alguma terra natal

Alfonsina tinha um problema que a incomodava e que assombrava as pessoas de seu convívio: tinha episódios persecutórios, que a acompanhavam há muito, mas que nos últimos tempos, vinham se agravando. Em 1928, após um colapso nervoso, ela decide procurar abrigo em seu lar de origem: vai passar uma temporada com a mãe e os irmãos em Rosário. Vive com eles ao longo de um ano. Na volta, conta ao filho Alfonso que esteve com seu pai, que estava muito doente. Estar com a família, entretanto, não fez cessar a sensação de que alguém a observava, de que alguém a perseguia, de que alguém tramava contra ela.

Como os episódios não cessassem, sua colega de cátedra e amiga, Blanca de la Veja, a convence a, finalmente, fazerem a viagem à Espanha, da qual há tempos falavam. Para tanto, aproveitam o período de férias escolares e partem nos últimos dias de 1929 rumo ao velho continente. Alfonsina tem economias guardadas, o Prêmio Nacional de Poesia, obtido cinco anos antes. Assim decidem partir. O roteiro incluirá Espanha, Itália, França, ao longo de três meses. Haverá ainda uma rápida passagem por Sala Capriasca, na Suíça.

Alfonsina decide partilhar com os leitores portenhos algumas impressões de viagem nas páginas do jornal *La Nación*. A sociedade portenha logo se acostumaria com a novidade, com a publicação, a partir de 8 de março, no jornal *El Mundo*, das *Água-fortes cariocas* de Roberto Arlt, uma série de crônicas que contavam diariamente detalhes das viagens do cronista e de suas experiências no Rio de Janeiro.

Alfonsina Storni, pioneira, vai por outro caminho, seu diário é lírico, fragmentado, mas, infelizmente, interrompe-se já na segunda entrega. Na primeira parte, seu olhar magnifica tudo: o mar, o navio e até uma espécie de língua absoluta que a experiência da primeira viagem de regresso à

Europa parece poder lhe oferecer. Quando pensa na língua que ouvirá no mar, fantasia um idioma absoluto:

> Deveria ouvir um idioma absoluto. Ver rostos com mais de dois olhos. Caminhar num pé só. Comer manjares novos: uvas de vinhas aquáticas, peixes musicais, estrelas cozidas.
> Percorro a lista promissora do menu. Um fino desenho o antecipa. A clássica elegância europeia distribui harmoniosa e detalhadamente a lista de pratos, com nomes sonoros e raios ornamentais.
> Ai, a inefável poesia do mar não basta para divinizar o menu que, traduzido à vulgar linguagem local, quer dizer geralmente: "bife com salada" (Storni, 1930 (OCI:676-7)).

Isso é parte do que se lê no *La Nación*, em 16 de fevereiro de 1930. Na entrega seguinte, publicada em 9 de março de 1930, a poeta desenha um mapa no horizonte aquático que se abre diante de seus olhos: "À esquerda a costa branca da Espanha. À direita a negra da África. De uma a outra a pampa azul de água" (Storni, 1930 (OCI:657)).

Como não haverá continuação, os testemunhos e relatos sobre a viagem serão dados pela voz de outros, por artigos e entrevistas publicadas relativamente a eventos dos quais ela participa, principalmente em Barcelona e Madri. Em 16 de janeiro, o semanário *Mirador*, de Barcelona, publica uma entrevista de Alfonsina ao jornalista Josep Maria Sagarra.

Quanto à passagem por Sala Capriasca, há bem pouca informação sobre ela. O biógrafo Conrado Nalé Roxlo é econômico quanto ao regresso de Alfonsina à sua terra natal:

> Madri é a meta, mas passam por Itália e França. De Paris, Alfonsina faz uma viagem relâmpago à Suíça para conhecer sua aldeia natal. Volta encantada de Sala Capriasca. A casa em que nasceu tem um aspecto nobre e vetusto; ainda restam pessoas que se lembram dela criança (Nalé Roxlo, 1964:131).

Não restam escritos íntimos de Alfonsina sobre a experiência. O que ficará de registro seu sobre a Suíça é algo absolutamente diverso da experiência íntima: a poeta escreve um texto laudatório a seu país natal. Canta-lhe as montanhas, os rios, o passado glorioso, mas faz menção e evoca muito mais a herança e as paisagens germânicas do que as de sua terra natal: o rio Reno, o cantão Uri e o pulso certeiro de Guilherme Tell. Nada se vê, aqui, do sul onde ela mesma nasceu:

Suíça

> Montanhas a envolvem e vales a floram,
> E lagos duplicam o firmamento de anil:
> O Reno a fecunda, as neves a adoram
> Os homens a temem por reta e viril.
>
> Detrás das suas pedras, atentos, exploram
> Soldados ferozes, em vigílias sem fim
> Enquanto as campinas de espigas se douram
> E pasta o gado em seus campos de abril.
>
> Os homens parecem mais rijos carvalhos.
> Bons ares talharam pulmões para a lida,
> Assim domam a vida, que é bravo corcel.
>
> Nem beijam coroas, nem esgrimam a fusta,
> Mas ferve n'alma da Suíça, a justa,
> O pulso certeiro de Guilherme Tell.

O poema, de linguagem grandiloquente, foi escrito em 1930, sob os efeitos da viagem à Europa. A Suíça histórica, militar e viril que nele se constrói nunca teve espaço num livro publicado durante a vida da autora. Nele, da paisagem suíça tampouco figura qualquer território interior, traz antes uma focalização externa e impessoal.

Seria preciso esperar alguns anos para que a paisagem da terra natal se decantasse e pudesse fazer parte de sua lírica de modo mais orgânico. Curiosamente isso ocorrerá em outros textos de viagem, publicados sete anos mais tarde. A viagem, no entanto, não será à Europa, mas ao sul da Argentina.

O relato é publicado em 1937, no mesmo *La Nación*. A técnica da fotografia será incorporada ao modo de compor as cenas, o que, por si só, já leva, no caso de Alfonsina, a uma escritura de caráter mais intimista:

> Ruas quebradas, chalés de madeira, de tipo suíço, que não têm deles mais do que o telhado. Paisagem de personalidade que pede uma arquitetura particular que a urgência de viver não encontrou ainda.
> Isso é a Suíça, por acaso? Não: isso é a Patagônia, idêntica a si mesma.
> (Storni, Alfonsina. "Caderninho da janela. Bariloche — Correntoso — Traful".
> *La Nación, 16 mayo, 1937*)

Nesse tom menor, familiar, a Suíça reaparece, como um modelo que se tentou de algum modo imitar na arquitetura da Patagônia. Modelo logo abandonado, por conta das urgências de subsistir. Difícil não pensar no texto em espelho: da perspectiva do pai de Alfonsina querendo duplicar os alpes no território latino-americano, na aventura fracassada da cerveja dos Alpes, logo buscando outra vez repor o significante da terra natal no Café Suíço, para terminar num melancólico naufrágio. Na prosa lírica de Alfonsina, porém, não é o pai suíço quem naufraga, mas a própria Argentina, na imagem metonímica da Patagônia.

O mesmo Alfonso, seu pai, fora evocado, semanas antes, noutro texto da mesma série. Uma rememoração do pai suíço enquanto o eu lírico pisa o solo argentino: "Estou pisando na riqueza nacional. Não tenho do que me envergonhar. Em uma época meu pai fabricava cerveja com cereais argentinos. (Teria um pouco de anilina)" (Storni, Alfonsina. "Caderninho da janela (De Buenos Aires a Bariloche)" In: *La Nación*, 21 fev 1937. OCI:681)).

Um trecho cheio de ressonâncias, no qual invoca-se a vergonha, para negá-la; evoca-se ainda que talvez o pai tenha usado corante em sua cerveja. Ora, isso deporia contra quem: contra o pai ou contra os cereais argentinos? Num gesto ambíguo e burlesco, o eu lírico de Alfonsina parece atacar a ambos e, ao mesmo tempo, perdoá-los.

Poeta em Buenos Aires[12]

Em 1933 o andaluz Federico García Lorca (1898-1936) foi a Buenos Aires, a convite da atriz Lola Membrives (1888-1969), que estava encenando uma peça sua, *Bodas de Sangue*. O poeta e dramaturgo daria também uma série de palestras, entrevistas e seria homenageado num jantar no Pen Club. O que era para ser uma breve estadia prolongou-se: a peça logo se tornou sucesso de público e Lorca sentiu-se tão bem acolhido na capital portenha que acabou permanecendo hospedado na cidade por quase cinco meses: entre

Reunião do Pen Club de Buenos Aires, *circa* 1933. Alfonsina Storni é a segunda a partir da esquerda, sentada. Em pé, o sexto homem a partir da direita é o poeta Oliverio Girondo (1891-1967) (Fotógrafo desconhecido)

---

[12] Esta seção do texto é baseada no texto da repor*tagem Paixões Literárias — Federico García Lorca em Buenos* Aires, que publique*i no Correio das* Artes, janeiro de 2019, João Pessoa, ano LXVIII, núm. 11, pp. 4-7.

13 de outubro de 1933 e 27 de março do ano seguinte. Viveu no quarto 704 do Hotel Castelar, no coração da cidade, em plena Avenida de Mayo, a poucos metros do Obelisco.

Lorca refestelou-se no ambiente portenho. Conheceu Jorge Luis Borges, Oliverio Girondo, Evar Mendez, Norah Lange e o uruguaio Enrique Amorim. Lorca travou relações, despertando afetos os mais diversos. Tornou-se amigo íntimo, inclusive, do recém-empossado cônsul chileno na Argentina, um tal Ricardo Neftalí Reyes (1904-1973) ou, como ficou conhecido literariamente, Pablo Neruda. Com ele chegou a protagonizar um discurso a duas vozes, no Pen Club, em homenagem ao poeta nicaraguense Rubén Darío: prepararam um discurso conjunto e, durante o jantar, levantaram-se ao mesmo tempo, cada qual em uma das cabeceiras da mesa, dando a entender ao público que haviam cometido uma gafe. A partir de então, um completava a frase do outro, para o fascínio — ou a inveja — dos mais de cem escritores presentes.

García Lorca, então com 35 anos, havia tido um sucesso relativo com seu teatro autoral em Madri, e experimentava, pela primeira vez, reconhecimento num ambiente estrangeiro. Nos breves meses de sua estadia, deixou sua marca na memória local, como mostra Pablo Medina em seu livro *Lorca: un andaluz en Buenos Aires, 1933*-1934, publicado pela editora Manrique Zago.

Uma das primeiras poetas a homenageá-lo foi Alfonsina, com seu "Retrato de García Lorca", que logo publicaria em seu próximo livro, *Mundo de sete poços,* lançado já em 1935, o primeiro livro autoral desde os poemas em prosa de 1926. No "Retrato", emula o estilo surrealista que o poeta assumira no período:

>(...)
>Irrompe um grego
>por seus olhos distantes
>
>Um grego, que sufocam de trepadeiras
>as colinas andaluzas
>de seus pômulos
>e o vale trêmulo
>de sua boca.
>(...)
>(Storni. "Retrato de García Lorca", OCI:345)

Lorca, por sua vez, em uma carta a Enrique Amorim, com quem estava envolvido afetivamente, escreve versos emulando o estilo da amiga, num poema conversado de tom passional:

(...)
Oh, canalha!
Oh, pérfido!
Você se escondeu
E fez um ninho
em seu desejo?
(...)
(García Lorca, Federico. "Copla a la manera de la Storni" em Carta a Enrique Amorim. In: *Obras Completas*)

A amizade entre Alfonsina e Federico infelizmente não iria longe. Em 1936, o poeta será fuzilado pelo regime franquista, interrompendo-o em sua trajetória. Ficariam os versos de Alfonsina, como os primeiros a chamar a atenção, em vida, para a obra de Lorca.

Poucos meses depois de Storni, Neruda também o homenagearia com o poema "Ode a García Lorca", de seu *Residencia en la tierra*. Após a morte de Lorca, abundam os poemas de homenagem a ele, necessariamente atravessados pela brutalidade de seu assassinato pelo estado espanhol.

Um caroço no peito

Nalgum dia de verão, nos primeiros meses de 1935, Alfonsina está em férias na praia. Nesses tempos, a poeta tem o costume de ir ao mar: frequenta a casa de sua amiga Fifi Kusrow, em Colonia, no Uruguai, ou vai também a Mar del Plata e Pocitos.

Após pisar "a farinha de ouro" da praia e ir às águas, Alfonsina é colhida por uma onda e sente uma dor tremenda no peito. Ao apalpar a região, nota um caroço de grandes dimensões. O pânico a toma. Algo certamente vai mal em sua saúde. Em poucos dias vai ao médico e dele recebe o diagnóstico que para ela significa pouco menos que uma sentença de morte: ela tem um tumor no seio.

No dia 20 de maio, Alfonsina é operada por um dos médicos mais conceituados de Buenos Aires, Dr. José Arce. Na cirurgia, constatam-se duas coisas que não favorecem a poeta: a primeira é que o tumor é maligno, a segunda é que se alastrou pelo seu corpo. O tratamento recomendado é radioterapia.

Ao final da primeira sessão, Alfonsina decide que ela não suportará aquela terapia e resolve deixá-la. Seus dias, daí por diante, não serão mais os mesmos. Alfonsina encontra-se fisicamente debilitada e teme por seu futuro.

Por um lado, seus amigos contam o quanto envelheceu e se tornou taciturna. Por outro, há uma atividade frenética a partir de então. A poeta sabe que precisa concluir sua obra e fixar seu legado: assim, com a sensação paradoxal entre minúcia e urgência, a poeta escreve e burila os poemas de *Máscara e Trevo* nos últimos dias de 1937, para poder entregar os originais a Roberto Giusti, o editor de *Nosotros*.

Máscara e Trevo é um livro inteiro de sonetos, que vão numa direção bem diversa de seus dois últimos trabalhos. No prefácio, ela escreve:

> No último par de anos transformações psíquicas fundamentais se operaram em mim: é preciso buscar aí a chave dessa relativamente nova dicção lírica e não em correntes externas que tenham arrastado minha personalidade verdadeira (Storni, Alfonsina. "Breve Explicação" a *Máscara e Trevo*, 1938. In: *Obras Completas I*, p. 394).

Para além dessa explicação pessoal, Alfonsina diz que parte de sua atual poesia é de compreensão incompleta, que precisa "da colaboração imaginativa, de certa forma criadora, de quem o transita" e evoca os movimentos de vanguarda para corroborar sua aposta lírica. Antecipa que seus poemas poderão ser chamados de obscuros e que está ensaiando uma nova forma — o anti-soneto — muito antes de o chileno Nicanor Parra falar em anti-poesia.

Entre a retórica intimista e sua proposição estética, esse é o prefácio mais longo e ousado da poeta. Seu livro começa com "Para Eros", poema no qual o cupido é caçado à beira mar, e segue com uma série de outros sete sonetos que tematizam o Rio da Prata visto sob distintas perspectivas e luzes. Também nesse livro, escrito sob o impacto do suicídio de Horacio Quiroga, no começo de 1937, por conta de um câncer incurável na próstata, está o poema dedicado ao antigo amor e ao pai, "Telefone para o além".

Nos primeiros dias de 1938, ainda freneticamente acrescentando outros poemas ao livro — como "Barrancas do Prata em Colônia" —, Alfonsina recebe um convite para participar, em Montevidéu, de uma apresentação com a poeta uruguaia Juana de Ibarborou (1892-1979) e a chilena Gabriela Mistral (1889-1957). No convite, pede-se a Alfonsina que "confesse publicamente sua forma e modo de criar". O mote não poderia ter sido mais adequado num momento de urgência como aquele. O título de sua conferência é bastante eloquente: "Entre um par de malas meio abertas e os ponteiros do relógio". A conferência junta as duas pontas do projeto lírico de Storni: de seu primeiro contato com as letras, na infância, até os últimos poemas, recém-escritos.

Alfonsina cria para si e para o público a visão coerente e divertida de sua infância a partir da relação com as letras. Lá estão os saborosos episódios de sua biografia com os quais abri esse ensaio: quando tem quatro anos e lê em San Juan um livro de ponta cabeça; quando tem seis anos e furta um livro na livraria; quando tem doze anos e escreve seu primeiro poema; quando tem dezenove e é ninada por uma canção de teclas num escritório estéril. Na outra ponta, o presente, mostra ao público e comenta poemas de seus diferentes livros, *Irremediavelmente, Ocre* e sonetos de seu livro por ser publicado: *Máscara e Trevo*.

No dia 27 de janeiro de 1938, no Instituto Vázquez Acevedo, em Montevidéu, Alfonsina Storni fazia, enfim, diante do público, com a paixão que caracterizava seus dias, seu testamento lírico.

Um galope à beira mar

Antes de regressar a Buenos Aires após sua conferência em Montevidéu, Alfonsina decide passar mais uns dias na casa da amiga Fifi Kusrow, em Colônia. O mês de fevereiro fora dos mais dolorosos: a filha de Horacio Quiroga, Eglé, que tinha a mesma idade de seu filho Alejandro, suicidou-se por conta da impossibilidade de lutar com a mesma doença que ela, um câncer no seio. Poucos dias depois, no aniversário de um ano da morte de Horacio Quiroga, o escritor de quem ela procurou aprovação em diferentes momentos de sua vida — Leopoldo Lugones — também se suicidara. Assim, no espaço de um ano, Alfonsina vira morrerem seu amor da década passada e seu companheiro vida afora, a filha dele, e o escritor de quem, apesar de tudo, ela sempre buscara aprovação.

Enquanto seus companheiros de geração vão bruscamente partindo, Alfonsina corrige as provas de *Máscara e Trevo* e da antologia que está preparando com o auxílio do filho Alfonso para o grupo espanhol Espasa Calpe. Era preciso estabelecer um legado, chegar à versão final de sua obra e registrar seu discurso sobre ela.

Em 15 de outubro daquele ano, com o livro finalmente finalizado, Alfosina leva um exemplar de *Máscara e Trevo* para inscrevê-lo no Concurso de Poesia e pergunta ao responsável, Juan Julián Urquiza, com um sorriso nos lábios: "E se o autor morrer, quem recebe o prêmio?" (Cf. Delgado, 2010:234). Urquiza, sem levar em conta a gravidade da questão, toma-a como uma brincadeira e responde qualquer coisa.

Feita a inscrição, lançados os livros, exausta, Alfonsina decide passar uns dias em Mar del Plata, no hotel San Jacinto, da rua Três de Fevereiro, 2871, onde costumava se hospedar. Ao partir de Buenos Aires, na estação Constitución, Alfonsina se despede do filho. No dia seguinte, já instalada, escreve a ele uma carta:

> Sonho meu, coração meu, sombra da minha alma, recuperei o sono, o que já é alguma coisa. Dormi no trem a noite toda. Te escrevo esta, recostada na minha poltrona, a mão sem apoio. O apetite melhorou, mas continuo com uma grande fraqueza. Mentalmente é que estou ainda fraquíssima. Ai, minhas depressões! E que temor elas me causam. Mas tenho que confiar; se o corpo se levantar, pode ser que o restante também se levante. Um abraço longo e apertado, Alfonsina (Storni, Alfonsina. Carta a Alejandro Storni, 1938. *Apud* Delgado, Josefina, 2010:237).

Naqueles dias doloridos, manda também uma carta a Manuel Gálvez, o editor de seus primeiros livros, com um pedido bem claro, em benefício do filho. Pouco a pouco, ia se desenhando na mente da poeta o seu inevitável desfecho. Era preciso deixar tudo em ordem também para o filho:

> Senhor Gálvez:
> Estou muito mal. Por favor, meu filho tem um emprego municipal, e eu outro. Peça ao prefeito em meu nome que ele seja promovido acumulando meu salário. Obrigado. Adeus. Não se esqueçam de mim. Não posso escrever mais.
> Alfonsina
> (Storni, Alfonsina. Carta a Manuel Gálvez, 1938. *Apud* Delgado, Josefina, 2010:239)

No sábado, 20 de outubro, leva ao correio uma carta endereçada ao jornal *La Nación*. Nela, Alfonsina depositara um poema: "Vou dormir". Para os que padecem de doenças graves, as funções vitais, como o sono, constituem uma das maiores preocupações. O poema é enviado ao jornal para publicação.

No começo da madrugada de terça-feira, Alfonsina deixa seu quarto e caminha pela rua San Juan — atual Hipólito Irigoyen — em direção ao mar. Para no Clube Argentino de Mulheres, lugar fundado para que as argentinas pudessem ir veranear sozinhas, discutir política e lugar por seus direitos, sem a necessidade da presença de um homem, e livres do olhar preconceituoso comumente dirigido às solteiras de maior idade. No clube,

Alfonsina se sente em casa. O edifício, hoje demolido, tinha um píer de duzentos metros mar adentro, na região da praia La Perla.

Alfonsina sobe no píer, onde tantas vezes já contemplara o mar. Contempla-o então por uma última vez e se lança a seu destino líquido. Não há nada de lírico naquela despedida, um de seus sapatos fica enganchado no gradil, enquanto seu corpo submerge na massa líquida.

Tudo finalmente organizado: seus últimos livros estão publicados, seu filho talvez possa contar com o favor do prefeito e, além disso, no dia seguinte, ao noticiar sua morte, o *La Nación* poderá publicar sua última colaboração inédita. Já pode descansar.

Exéquias

Em Buenos Aires, Alfonsina foi velada no Clube Argentino de Mulheres, na rua Maipú, 900. Muita gente compareceu para se despedir. O velório ocorrer também no clube, em sua sede portenha, marcava definitivamente o reconhecimento daquele como o lugar de pertencimento de Alfonsina, do feminismo como uma bandeira sua, forte a ponto de justificar que ali mesmo fosse realizada sua última aparição pública.

Sem família em Buenos Aires além de seu jovem filho, Alfonsina contou, mais uma vez, com seus vínculos literários e jornalísticos. Quem cedeu a ela um jazigo no panteão familiar foi Salvadora, a esposa de Natalio Botana — o casal proprietário do jornal *Crítica*. Alfosina é colocada ao lado de Píton, o filho do casal que também se suicidara ao descobrir que Natalio não era seu verdadeiro pai.

Apenas em 1963, no mesmo cemitério da Chacarita que, com o esforço de seus amigos do Café Tortoni, através da rifa de um piano onde ela costumava apoiar-se para declamar, é que é possível comprar-lhe um jazigo próprio. Hoje, há um grande monumento de Julio Cesar Vergottini, com uma mulher em posição de quem vai mergulhar ou alçar voo. No entorno de seu sepulcro, Alfonsina está acompanhada de músicos de tango, atletas e artistas, cercada de outras belas esculturas, naquela que é certamente a praça mais boêmia do cemitério.

O silêncio e a Suíça

Após a morte de Alfonsina, há uma história que insiste, que se faz presente por seu silenciamento. Entre os obituários publicados na imprensa argentina, nenhum faz menção ao nascimento da poeta na Suíça. Com a mudança de cidadania de Alfonsina, e os motivos pessoais que a levaram a esse gesto, pareceu deitar-se um véu sobre seu nascimento em Sala Capriasca. Não faltaram jornais que falassem que ela nascera na província de San Juan.

Tal silêncio deve ter pesado sobre a família de Alfonsina, ao ponto de que Paulina, a mãe, passados alguns meses, enviou uma carta a *Mundo Argentino*, para falar sobre o tema. Essa revista tinha sido sempre um veículo aberto a Storni, Quiroga e às famílias de ambos. De modo que em junho de 1939, publicou-se a seguinte carta:

> Publicarei os verdadeiros informes sobre a tão vilipendiada origem e o leitor que deseje certificar-se pode dar uma passeiozinho por Lugano (Suíça), onde encontrará quem possa confirmar. Alfonsina Storni, pelos dois costados, materno e paterno, exibe uma origem invejável, e de umas raças que se não foram ricas em dinheiro, foram certamente em talento e inteligência. De minha parte, tenho um irmão sacerdote, um tio poeta e um primo irmão que foi ministro do governo por muito anos (...) (Martignoni, Paulina In: *Mundo Argentino*, 21 de junho de 1939).

As palavras de Paulina têm um poder revelador tremendo, não apenas pelo que informam, como pelo fato de contrastarem radicalmente com a imagem que de Alfonsina Storni se criara em sua vida — e aquela que logo se consolidou: a de uma poeta de origem proletária, inculta e intuitiva. Textos das últimas décadas confirmam essa impressão, como o já citado estudo de Beatriz Sarlo (1988) e o recente livro do brasileiro Sergio Micelli (2018), que lhe segue os passos.

A carta da mãe revela ainda outra coisa: como o silêncio de Alfonsina sobre suas origens — talvez causado pela vontade de se integrar à sociedade rio-platense, por um lado e, por outro, de não se identificar com as demais migrantes aristocratas — certamente contribui para a supressão de seu passado europeu.

A indignação de Paulina, liberada para falar após a saída de cena da filha, justifica-se: não apenas porque não se estava dizendo a verdade sobre suas raízes, como também porque houve, claramente, uma participação da família de origem para que a garota se constituísse como poeta e cronista.

Poeta da família

A carta de Paulina é, sob todos os aspectos, um convite à investigação da genealogia familiar. Ambígua, por certo, já que não nomeia um só parente. Sintomaticamente, nenhum biógrafo argentino seguiu-lhe as pistas. Passadas quase duas décadas, quando a caçula da família, Olimpia Perelli, passou a publicar uma longa série de textos sobre Alfonsina na revista *Vosotras*, ao tocar no tema dos antepassados célebres, oferece esclarecimentos apenas parciais, sem nomear ninguém e tampouco sem acrescentar muito em relação ao que já dissera a mãe, a não ser um sobrenome:

> Ao dizer a mãe de Alfonsina "houve um poeta muito apreciado em sua terra natal", ela se refere a um tio paterno dela de sobrenome Martignoni que na Suíça deixou seu nome como um dos mais finos e agudos poetas de sua época (Olimpia, 1957. "Alfonsina, mi hermana. Semblanzas de su niñez. In: *Revista VOSOTRAS*. Año XIX N 1108. Bs. As, 1 de marzo de 1957).

Nota-se como Martignoni, finalmente nomeado, ainda que parcialmente, é presença mítica do grupo familiar, alguém cuja presença insiste, como "o poeta da família", sem que, no entanto, sua poesia tenha chegado às novas gerações.

O então célebre e atualmente obscuro Martignoni é figura com rastros difíceis de localizar: não tem livros seus relançados nos últimos setenta anos, não consta de enciclopédias suíças, nem de histórias da literatura ou de antologias de poesia daquele país. Topei com uma referência a seu nome num exemplar bem guardado, no subsolo da Casa do Tradutor Looren, em Wernetshausen, onde fui realizar a tradução de Storni. O livro, publicado em 1936 em seus dois tomos, busca historiar a produção literária da Suíça italiana desde o século 16. Lá, o tio Carlo é referido como um poeta dialetal, morto em 1905:

> *Naturali alleati del folklorismo sono gli scrittori e poeti dialettali, i quali con la parlata tradizionale custodiscono anche le cose tradizionali. Sullo scorcio del secolo passato godettero di un discreto favore nel piccolo mondo ticinese le poesie del luganese Carlo Martignoni († 1905), scritte in gran parte a commento dei fatti di politica cantonale; e nel contado bellinzonese quelle del giubiaschese Cesare Mariotti († 1891) (Scrittori della Svizzera italiana,* tomo II, p. 875).

Eis a figura: Carlo Martignoni, o poeta local que tratava da política de sua região. Na biblioteca cantonal do Ticino, em Lugano, descansam duas edições distintas, ambas póstumas, de sua poesia. O primeiro volume, *Raccolta delle Poesie in Vernacolo Luganese, di Carlo Martignoni (Porta Ticinese)*, foi editado em Locarno, em 1903. Por esse volume ficamos sabendo que o poeta nasceu em Lugano em 1824 e que fez de Massagno "a sua segunda pátria", tendo morrido em 1903, e não em 1905. Martignoni escrevia poesia satírica, em um dialeto que ele próprio chama de "toscano de Massagno" em um de seus poemas. Seus versos rimados são bastante diretos, e defendem, sem ambiguidade, a igreja católica e o partido conservador local; seu alvo é o Partido Radical:

> Viva a nossa Confederação,
> Vivam os católicos desse Cantão:
> Vivam os párocos Do Giura Bernes,
> Vivam o bando dos Vescof da região!
> Viva a nossa sociedade,
> Viva a Crença, a Liberdade!
> Viva o nosso Diretor
> E o partido Liberal Conservador!
> Viva a Num e viva o bom vinho
> E a panela do Paolino!

(Martignoni, Carlo. "E viva o risoto e viva o bom vinho e a panela do Paolino" In: *Raccolta delle Poesie in Vernacolo Luganese, di Carlo Martignoni (Porta Ticinese)*. Logarno: Tipografia Alberto Pedrazzini, 1903, pp. 1-7)

O prestígio da poesia de Martignoni é sobretudo político e local. No cinquentenário de sua morte, seus poemas foram reeditados pela última vez e o prefaciador dizia que Martignoni compunha "uma página significativa da história do Partido Conservador do Ticino". As razões para celebrá-lo deviam-se à memória da constituição do partido, já que sua poesia era arma na disputa política e ajudava a conquistar a população a favor do Partido. Os títulos de outros de seus poemas dão conta de sua verve galhofeira e, ao mesmo tempo, de seu pragmatismo. Há títulos como "A guerra ao catolicismo", "O patriotismo dos Radicais", "Um brinde em molho picante", "O lamento de um radical" etc. Ao percorrer um livro do velho poeta, um traço ressalta-se: sua poesia — política e de circunstância — foi escrita para ser lida publicamente, para causar efeito em sua audiência.

Foto de Carlo Martignoni, no livro póstumo *Raccolta delle Poesie in Vernacolo Luganese, di Carlo Martignoni*, de 1903. (Fotógrafo desconhecido)

A foto ou a caricatura de Martignoni em ambas as edições trazem uma figura aristocrática, cuja memória o tempo foi se ocupando de apagar. Porém, para Paulina, que saiu de Lugano como uma moça de 16 anos, e depois lá viveu dos 20 aos 24, e de sua filha Olimpia, que lhe recebeu os relatos, o tio Carlo tem outra dimensão: mantêm-se um dos patriarcas que Alfonso — ausente dos relatos familiares — nunca conseguiu ser. Nesse imaginário, é de Carlo Martignoni o papel de antecessor dos versos de Alfonsina.

Não é difícil supor que a própria menina Alfonsina tenha ouvido falar muito desse tio, dado que em sua tenra infância, de 1892 a 1896, ele circulava pela região e era figura notória. Ademais, as lembranças de Alfonsina da infância são significativas a ponto de ela ter seguido enviando cartas a familiares de lá, como relata a irmã Olimpia:

Caricatura de Carlo Martignoni, no livro póstumo *Carlo Martignoni nel cinquantesimo della sua morte*, de 1953. (Autor desconhecido)

> Lá pelo ano de 1921, mais ou menos, não consigo dizer com exatidão, [Alfonsina] faz o mesmo para enviar uma fotografia ao "Tio padre", como todos nós o chamávamos, e de quem ela havia recebido uma carta. Encontrava-se na Suíça, como padre na pequena igreja do longínquo vilarejo de Tesserete. Alfonsina só tinha quatro anos quando se despediu dele para vir a San Juan, mas mesmo assim se lembrava dele com precisa e emocionante ternura. Ela vem a Rosário por aquela época e mostra a minha mãe sua fotografia dedicada a ele com o laconismo tão dela e tão eloquente. Em italiano, havia escrito a ele: "A mi caro Zío tanto lontaño!" (Perellli, Olimpia, 1957c).

De certo modo, a existência do tio-avô Carlo Martignoni pode sim ser uma inspiração para o caminho poético trilhado por Alfonsina. Porém não poderia haver dois poetas mais distintos: de um lado, a ambiguidade da escritura de Alfonsina, seu gesto libertário e transformador, seu lirismo sensual e anti-institucional; do outro lado, o humor político que reafirma a confiança nas instituições estabelecidas e canta o status quo. Também há alguns pontos de contato: a centralidade à dimensão vocal de sua poesia, o gesto de recitá-la em voz alta e de notabilizar-se por isso e o humor provocativo — pensemos no poema "Homenzinho miúdo" — capaz de arrebatar o público.

A maior revelação de uma ligeira aproximação entre a obra de Alfonsina Storni e a de Carlo Martignoni, porém, não vem diretamente do texto lírico de ambos. A pergunta incide sobre a família e traz a forma de uma pergunta: por que, tendo uma Alfonsina na família — a poeta que quebrou barreiras de gênero e classe, fez-se poeta, fez-se reconhecida, popular e premiada, foi traduzida em vida ao italiano e ao francês — por que, insisto, tendo uma Alfonsina, tanto Paulina quanto Olimpia recorreram ao tio europeu, ao poeta suíço, silenciado já do outro lado do oceano?

Essa pergunta, algo incômoda, pode ser respondida com outra, que recai sobre Alfonsina: por que é que, ao longo da vida, a própria Alfonsina não recorreu a essa origem europeia que, por outro lado, teria lhe rendido o olhar de aprovação de muitos? Origem, que é preciso que se diga, de alguma forma a inspirou a lançar-se não apenas à escrita, mas também à declamação pública?

A obra e a mera existência poética de Alfonsina Storni já nos servem de resposta. A persona que Alfonsina constrói para si artisticamente, e também a mulher que ela se faz, são a negação do que foi Carlo Martignoni. Mal comparando, o lugar de Martignoni é o de um poeta como Leopoldo Lugones, do qual — não coincidentemente — ela, embora tenha buscado, nunca recebeu nenhum reconhecimento. Alfonsina é herdeira de Carlo, mas se apropria dessa herança, torce-a para, ao fim das contas, transformar-se a si própria na poeta da família. Ela consegue fazê-lo de modo tão radical, que as outras parentes tentam a todo custo explicar que Alfonsina é suíça, que Alfonsina tem origem, que Alfonsina tem, enfim, um selo de qualidade.

O que Paulina e Olimpia demonstram não ter compreendido é que o logro de Alfonsina é de tal monta maior, que ela engole suas origens. Afirmá-la suíça, como fiz nesse ensaio, tem por objetivo maior, dar conta de que Storni não é resultado do destino ou da falta de possibilidades, mas que ela é a somatória de uma série de escolhas — vitais e estéticas — que a tornaram a artista que foi.

A menina triunfou. Seu país não é a Argentina, tampouco é a Suíça. O país de Alfonsina é o seu movimento.

Referências bibliográficas

Dipartimento della Pubblica Educazione del Cantone Ticino. *Scrittori dela Svizzera Italiana. Studi Critici e Brani Scelti*. (2 tomos). Bellinzona: Instituto Editoriale Ticinese, 1936.

AGLIATI, Carlo / MS. "Giocondo Storni". In: *Dictionnaire historique de la Suisse*. Hauterive: Fondation Dictionnaire historique de la Suisse (DHS) / Editions Gilles Attinger, 2012, tomo 12, p. 138-9.

BARELLI, Stefano / PTO. "Alfonsina Storni" In: *Dictionnaire historique de la Suisse*. Hauterive: Fondation Dictionnaire historique de la Suisse (DHS) / Editions Gilles Attinger, 2012, tomo 12, p. 138.

DELGADO, Josefina (2010). *Alfonsina Storni. Una biografía esencial*. Buenos Aires: Sudamericana.

_____ (2018). *Salvadora. La dueña del diário Crítica*. Buenos Aires: Sudamericana.

DE NOBILE, Beatriz (1968). *Palabras com Norah Lange*. Buenos Aires: Carlos Perez Editor.

DEPASCALE, Alfonso. *Antologia di poeti argentini*. Buenos Aires, se, 1949.

FOLETTI, Emilio. *Carlo Martignoni nel cinquantesimo della sua morte*. Massagno: Edizioni dei Giovanni Conservatori di Massagno, 1953.

NALÉ ROXLO, Conrado (1964). Genio y figura de Alfonsina Storni. Buenos Aires: Editorial Universitaria de Buenos Aires.

QUIROGA, Horacio. (2010). *Quiroga íntimo. Correspondencia. Diario de viaje a París*. (Ed. Erika Martínez). Madri: Páginas de Espuma.

SARLO, Beatriz. (1988a). "Alfonsina Storni: reconstrucción de una lucha" in Storni, Alfonsina. *Poemas de amor* (Trad. Augusta López-Bernasocchi). Bellinzona: Edizioni Casagrande, 1992, 5ª ed, pp. 7-47)

_____. (1988b). *Buenos Aires años 20 y 30. Una modernidad periférica*. Buenos Aires: Nueva Visión, 2003.

SINGERMANN, Berta (1981). *Mis dos vidas*. Buenos Aires: Ediciones Tres Tiempos.

STORNI, Alfonsina. *Meine Seele hat kein Geschlecht. Erzählungen, Kolumnen, Provokationen*. (Trad. Hildegard Elisabeth Keller) Zurique: Limmat Verlag, 2013.

_____. *Poemas de amor. Liebesgedichte* (Trad. Reinhardt Streit). Zurique: Limmat Verlag, 2003.

_____. *Poemas de amor* (Trad. Augusta López-Bernasocchi). Bellinzona: Edizioni Casagrande, 1992, 5ª ed.

_____. *Obras. Poesia. Tomo I.* (Org. Delfina Muschietti). Buenos Aires: Losada, 1999.

_____. *Obras. Ensayo. Periodismo. Teatro. Tomo II.* (Org. Delfina Muschietti). Buenos Aires: Losada, 2002.

KELLER, Hildegard Elisabeth . *Alfonsina Storni — Distel im Wind. Biografie*. Zurique: Limmat Verlag, 2020.

MARTIGNONI, Carlo. *Raccolta delle Poesie in Vernacolo Luganese, di Carlo Martignoni (Porta Ticinese)*. Logarno: Tipografia Alberto Pedrazzini, 1903.

PERELLI, Olimpia (1957a). "ALFONSINA, MI HERMANA. Semblanzas de su niñez. VI. UNA POESIA QUE HABLA DE LA MUERTE PREOCUPA Y AMARGA A MI MADRE" In: *Revista VOSOTRAS*, ano XIX, núm 1109. Buenos Aires, 8 de março de 1957.

_____ (1957b). "ALFONSINA STORNI, MI HERMANA. Semblanzas sobre su adolescencia. EL DOLOROSO SECRETO. *REVISTA VOSOTRAS*. AÑO XX. No 1112 Buenos aires, 29 de março de 1957.

_____ (1957c). "ALFONSINA STORNI, MI HERMANA. Semblanzas sobre su niñez. VII. MUY JOVEN QUISO SER ARTISTA DE TEATRO. In: *Revista Vosotras,* ano XIV, núm. 1110. Buenos Aires, 15 de março de 1957.

TAMI, Nathalie. "Angiolo Martignoni". In: *Historisches Lexicon der Schweiz*. Basiléia: Stifung Historisches Lexicon der Schweis (HLS) / SCHWABE, 2012, tomo 8, p. 320.

Sobre o tradutor e organizador

Wilson Alves-Bezerra (São Paulo, 1977) além de tradutor é poeta, romancista, crítico de literatura e professor. Traduziu a obra de Horacio Quiroga (*Contos da Selva, Cartas de um caçador, Contos de amor de loucura e de morte* e *Os desterrados,* todos pela editora Iluminuras), Luis Gusmán (*Os outros, Hotel Éden* e *Pele e Osso* — finalista do Prêmio Jabuti 2011, na categoria melhor tradução literária espanhol-português) e Sergio Bizzio (*Era o céu,* Iluminuras, 2020). É ainda autor dos livros *Vertigens* (Iluminuras, 2015 — prêmio Jabuti na categoria Poesia, escolha do leitor), *Vapor Barato* (romance, Iluminuras, 2018) e *O Pau do Brasil* (Urutau, 2016-2019), entre outros. É professor de Letras na Universidade Federal de São Carlos, onde atualmente coordena o Programa de Pós-Graduação em Estudos de Literatura.

CADASTRO
ILUMINURAS

Para receber informações
sobre nossos lançamentos e
promoções, envie e-mail para:
cadastro@iluminuras.com.br

Este livro foi composto em Garamond pela *Iluminuras* e terminou
de ser impresso nas oficinas da *Meta Brasil Gráfica*, em Cotia, SP, em
papel off-white 80 gramas.